JN123796

# 社長がボケた。事業承継はどうする？

社長が認知症になる
前にやること、
後にやること

外岡修税理士事務所
税理士・公認会計士
坂本政史［著］

中央経済社

# はじめに

## ◈父の会社を継ぐことができなかった。

「会社を継がせたいのに、継がせることができなかった」

「会社を継ぎたいのに、継ぐことができなかった」

この２つの文章を読んで、あなたは、どちらに目が留まりましたか？

私は、父の会社を継ぐことができませんでした。父は中小企業の社長でした。本当に後悔しました。

当時、学生だった私は、知らないことが多過ぎたのです。専門家になった今、あのとき知っていればと思うことがたくさんあります。誰よりも、知らないことがリスクであることも痛感しています。

本書を手に取ってくれたあなたには、知っていればよかったと後悔してほしくありません。

## ◈後継者になれなかった後継者。

後継者になれなかった後継者……それは私のことです。父の会社を継ぐことができなかった私は、義父の税理士事務所の後継者になりました。

きっかけは、ほんの些細なことでした。

妻の実家に遊びに行くと、義父は酔っ払って、嬉しそうに事務所の社員旅行の話をしたのです。

「山梨にも社員旅行で行ったよ。西沢渓谷、良かったなぁ」

「毎年の社員旅行が楽しみでね。今年はどこだったかな？」

その嬉しそうな顔を見てしまい、改めて「事務所を継いでくれないか？」と打診されたとき、私には引き受けたいという気持ちしかありませんでした。

### ◆最年少の後継者。職場で気を遣い過ぎて、空回り。

私が後継者として歩み始めたのは、娘が産まれたばかりの頃でした。

家庭では、おなかを空かせて泣いている娘の前で無力。職場では、気を遣いすぎて空回り。「情けない…」駐車場に停めた車の中で、何度、頭を抱えて悩んだことでしょう。

### ◆事業承継の当事者になって、はじめて分かること。

当事者にならないと分からないことはたくさんあります。

娘が産まれて、はじめて親の気持ちが分かりました。

後継者になって、はじめて経営者の気持ちが分かりました。

どこにいても、何をしていても、考えてしまいます。娘のこと。会社（事務所）のこと。

### ◆高齢の社長がいつまでも会社離れができないと……。

ところで，後継者に会社を任せた後に、寂しさを感じる経営者の方は多いかと思います。どんなときも会社のことを考えていたのですから、寂しく思うのは当然のことだと思います。

だからといって、いつまでも会社離れをしないわけにはいきません。社長が会社とともに歩んできた歴史は決して色褪せることはありません。しかし、残念なことに、社長の記憶や判断能力が薄れていくことがあるのです。

認知症…。

社長の認知症リスクをそのままにしておくと、どうなるでしょうか？

高齢になると、一般的に認知症の発症リスクが高まるといわれます。

「会社を継がせたかった」

「会社を継ぎたかった」

気づいたときには、手遅れになってしまいます。

日本は世界一高齢化率（総人口に占める65歳以上の高齢者の割合）が高い国です。このような高齢社会を迎えた日本では、否が応でも判断能力が不十分な方を保護・支援する制度（成年後見制度）の利用を検討することとなるでしょう。成年後見制度には、次のような見解が見られました。

☑ 親族は後見人になれない。

☑ 申立てから後見人が選任されるまで時間がかかる（事案によっては、２か月以上）。

なお，後見人にはこれまでは、弁護士等の専門職の人たちがなることがほとんどでした。

## ◆最高裁が見解を示した！　成年後見制度の転換期!?

ところが、2019年３月18日に最高裁判所が次の見解を示しました。

「成年後見人は親族が望ましい」

## ◆最高裁の見解が示される前から、親族が後見人に選ばれていた。

実は，最高裁判所の見解が示される前も、私が東京及び千葉の家庭裁判所で体験した成年後見制度の印象は、先述したこれまでの見解とはまったく違うものでした。申立てをしてから２週間程度で親族が後見人になる審判が下されたこともありました。本書の５章でその実例をご紹介します。

最後に、私の祖父は、認知症にかかり、自宅で介護をしました。

私の母は、特別養護老人ホームで看護師をしています。

私の兄は、天職だといって介護の仕事をしています。

家族として、専門家として、後継者として、認知症と事業承継の問題に向き合ってきた筆者の経験を基に書いた本書が、皆様のご参考になりましたら幸いです。

2020年７月

坂本　政史

# 目　次

## 第2章
# 事業承継の場面で生じる認知症のリスク 59

## 第❸章 これからの事業承継対策は、３Ｄ対応で！ 95

第❹章

## まだできることがある!?<br>社長が判断能力を失った後にやること　201



第❺章

## 転換期を迎えた!?<br>「親族後見人が望ましい」成年後見の実務　219

※本書の内容は、2020年７月10日現在の法令等に基づいています。

# 第1章

# 本当に怖い！<br>社長が認知症になったら……

社長が認知症になり、判断能力を失うと、日常生活だけでなく、法律上も、これまで当然にできていたことができなくなります。

本章では、法的観点から見た社長の認知症リスクを確認していきます。

1　社長の法律行為、2　社長の地位、3　会社の法律行為、4　社長の個人資産の順に、それらに潜む認知症リスクを見ていきましょう。

認知症には、社長個人のことだけでなく、社長が人生を捧げてきた会社にまで、重大な影響を及ぼすのです。

# 1　社長の法律行為に潜む認知症リスク

## 1　社長が認知症になったら、法律行為はどうなるの？

判断能力がない者（「意思無能力者」といいます）の法律行為は「無効」となります。したがって、認知症が進み、判断能力を失った社長の法律行為は、はじめから当然に効力がないものとして扱われます。

社会には、法律というルールがあります。自分がしていることの意味を理解できる判断能力がなければ、ルールを理解することもできません。

判断能力を失った方の法律行為を成立させるとしたら、その方が多大な損害を被ることは想像に難くないでしょう。例えば、認知症の高齢者を狙った訪問販売や振り込め詐欺の事件を耳にしたことはありませんか？判断能力を失った方を保護するルールが必要となるのです。

### 民法の改正により、無効となることが明文化！

誰もが生まれたときから、社会の一員として、権利を取得し、義務を負う主体となるための資格を有しています。私たちは、民法という市民社会のルールの下で、自らの意思に基づき、自由な法律関係（権利と義務の関係）を形成することが認められているのです。

しかし、現実には、判断能力が不十分で、誰かの支援を必要とする方もいるでしょう。こうした方を保護するルールは何かというと、それも民法です。実は、民法は約120年ぶりといわれる大改正により、意思能力（本書では、判断能力と説明しています）に関する条文が新設されることになりました。その条文を確認してみましょう。

> 民法第３条の２（新設）
> 法律行為の当事者が**意思表示をした時**に**意思能力を有しなかった**ときは、その法律行為は、**無効**とする。

これまで、当然に無効と解されていたことですが、改めて明文化されることになりました。なお、この改正民法の施行日は、2020年４月１日です。

## 契約とはどういう行為？

身近に感じる法律行為といえば、契約です。売買契約でいえば、「売ります」「買います」という意思表示の合致によって売買契約が成立します。

ケーキ屋さん（Ａさん）に、ケーキを買いに来た年配の女性（Ｂさん）を例にして、売買契約という法律行為を確認してみましょう。

Ａさんは、ケーキを500円で買ってほしいと思いました。Ｂさんは、ケーキを500円で売ってほしいと思いました。

このとき、ＡさんとＢさんの頭の中を覗いてみると、Ａさんはケーキを引き渡して、500円の支払いを受けることを望んでいます。他方、Ｂさんは、500円を支払ってケーキを受け取ることを望んでいます。しかし、頭

の中で考えているだけでは、相手に伝わらないので、望んでいる結果は生じません。

望みを叶えるには、望んでいることを相手方に知ってもらう必要があります。そこで、AさんはBさんに対して「ケーキを500円で売ります」と意思表示（申込み）をします。他方、BさんはAさんに対して「ケーキを500円で買います」と意思表示（承諾）をします。この双方向の意思表示が合致（合意）することにより契約が成立します。

契約が成立すると、契約の効力が生じます。Aさんは500円の支払いを請求できる権利（債権）を取得して、ケーキを引き渡す義務（債務）を負い、Bさんはケーキの引き渡しを請求できる権利（債権）を取得して、500円を支払う義務（債務）を負います。このとき、原則として、ケーキの所有権がAさんからBさんに移転すると考えられています（注1）。

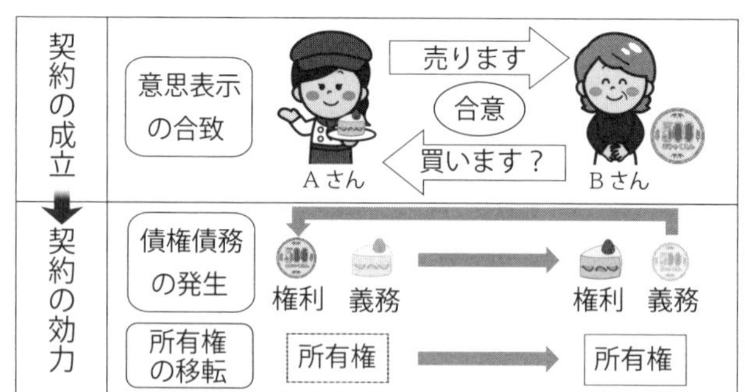


（注1）「売買契約（債権行為）があると、それによって債権債務が発生するだけでなく、原則として所有権も移転すると考えられている」（四宮和夫・能見善久『民法総則〔第九版〕』207頁（弘文堂、2018））

## 法律行為とはどのような行為？

法律の規定は、一定の要件を満たすと、一定の効力が発生する仕組みになっています。この要件のことを「法律要件」といい、効力のことを「法律効果」といいます。それでは、「法律行為」とは、どのような行為をいうのかというと、意思表示を構成要素とする法律要件のことを法律行為といいます。つまり、意思表示があって、はじめて法律行為が成立し（法律要件を満たし）、法律効果が生じるのです。

## 法律行為は、意思表示がないと成立しません。

契約が成立するには、意思表示があることが前提となります。先ほどのケーキの売買契約の例に戻りましょう。Aさんの「ケーキを500円で売ります」という意思表示と、Bさんの「ケーキを500円で買います」という意思表示が合致することで、契約という法律行為が成立しました。

もし、契約したときに、Bさんに判断能力がなかったら、その契約はどうなるでしょうか？

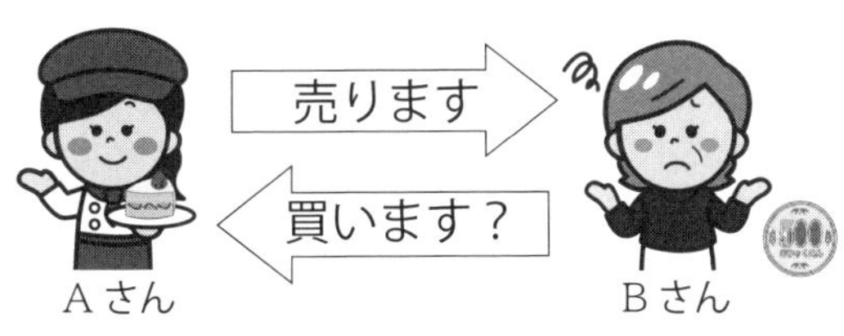

この場合、Bさんの法律行為は、原則として無効となり、Bさんの法律行為は、初めからなかったことになります。Bさんの判断能力がない状態とは、表示できる「意思」がない状態と同義です。そのような状態で意思表示をした法律行為を成立させるわけにはいきません。

**専門用語**

| | |
|---|---|
| 法律行為 | 行為者が一定の法律効果を生じさせようとして行為をし、その欲した通りの効果を生じる行為（※1） |
| 意思表示 | 一定の法律効果を欲する意思を表示する行為（※2） |
| 契約 | 申込みと承諾という二つの向き合った意思表示の合致したもの（※3） |
| 債権 | 特定の相手方に対して一定の行為を請求する「請求権」（※4） |
| 意思能力 | 自己の行為の法的な結果を認識・判断することができる能力（※5） |

（※1）～（※4）我妻榮・有泉亨・清水誠・田山輝明『我妻・有泉コンメンタール民法 総則・物権・債権〔第5版〕』順に175頁、176頁、176頁、693頁（日本評論社、2018）

（※5）四宮和夫・能見善久『民法総則〔第九版〕』44頁（弘文堂、2018））

**ここを確認**

☑意思能力がない者の法律行為は無効となります。

☑意思能力のことを本書では判断能力と説明しています。

☑法律行為は、意思表示を前提として成立します。

## 2　契約相手が認知症だったら、どうなるの？

契約をした相手方の判断能力の有無が、契約後に争点となることがあります。認知症の方と契約した場合、どのようなリスクがあるでしょうか？

### いつまでも無効を主張されるリスクが残る！

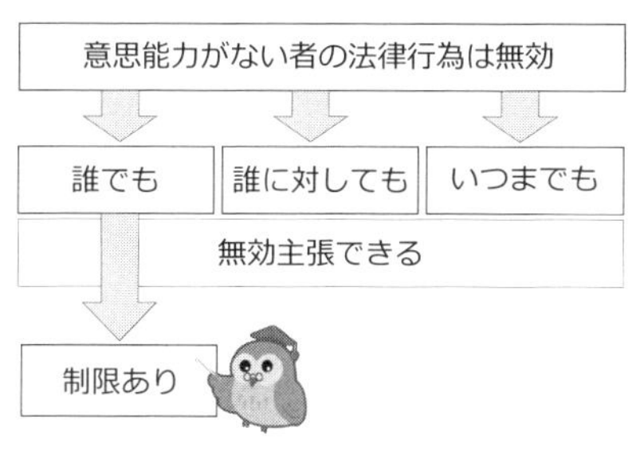


判断能力がない者の法律行為は無効となりますので、契約してから何十年経ったとしても、その契約が無効となるリスクが残ります。この無効を主張できる期間に制限はありません。原則として、「誰でも」、「誰に対しても」、「いつまでも」無効の主張ができるとされています。

### ただし、実務上、無効を主張できる人が限定されている!?

ただし、誰でも無効を主張することができると、相手の出方次第で法律行為が有効になったり、無効になったりして、法律関係が安定しません。

「意思無能力による無効は、意思無能力者を保護するための制度であるから、その者（意思無能力者）の側からだけ無効を主張できると考えるべきである」（四宮和夫・能見善久『民法総則〔第九版〕』46頁（弘文堂、2018））と解されています。

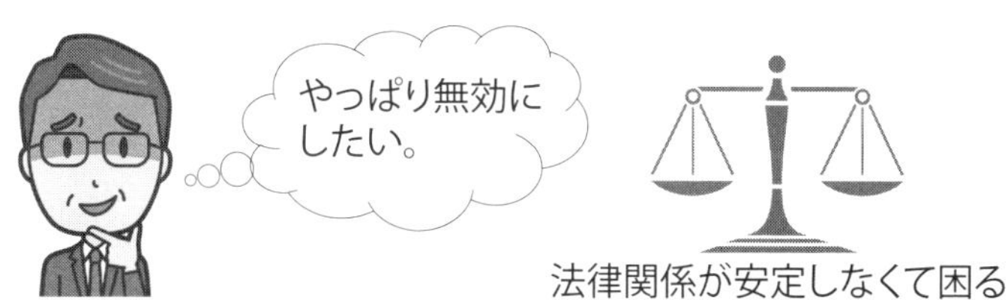

## あとから効力を認めて有効にすることはできるの？

判断能力を欠き無効になった法律行為は、判断能力がない状態が続く限り、追認することはできません。追認とは、後から効力を認めて有効にすることをいいます。仮に、判断能力が回復すれば、（回復後に判断した時点から）追認することはできますが、法律行為をした時点に遡って有効にできるわけではありません。追認した時点から将来に向かって有効になります。

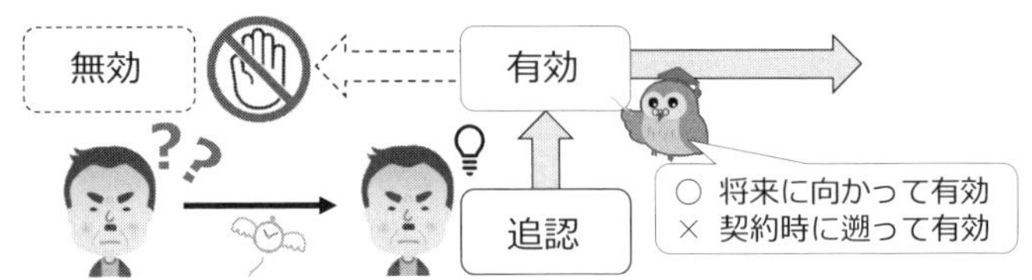


## 認知症になったら、法律行為は無効になるの？

ここで、注意していただきたいのですが、認知症になったからといって、ただちに法律行為が無効になるわけではありません。法律行為が無効になるか否かは、判断能力の有無が基準となります。つまり、意思表示をしたときに、判断能力がないと法律行為は無効となるのです。

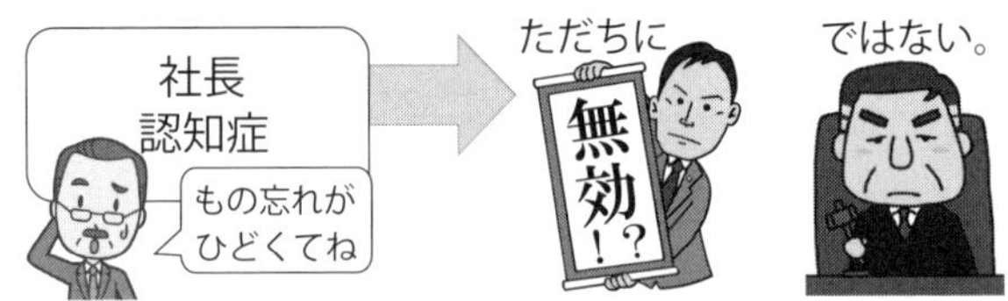


認知症を発症して、直ぐに判断能力を失うわけではないでしょう。認知症にはいくつかの種類があり、その症状にも程度があります。

（※）谷口知平編『新釈民法 (1) 総則 (1)』177 頁〔高梨公之〕( 有斐閣、1964)

また、「意思能力の有無は、画一的・形式的な基準によって決せられるものではなく、個々の具体的な法律行為について、当該事実関係を基に、行為者の年齢・知能などの個人差その他の状況を考慮して、実質的・個別的に判断するものと考えられている」と解されています（東京高判平成30・9・12金融・商事判例1553号17頁）。

したがって、医師の診断書に認知症と書かれているからといって、画一的に、意思能力がないと判断されるわけではありません。

**ここを確認**

☑判断能力がないことを理由とする無効は、意思無能力者の側からのみ無効を主張できると解されています。

☑認知症になっても、ただちに法律行為が無効になるわけではありません。認知症の症状には程度があり、軽度の認知症の方だと普段はしっかりしている方も多いでしょう。

☑「意思能力の有無は、個々の具体的な法律行為ごとに、行為者の年齢・知能などの個人差その他の状況をそのままふまえての、実質的・個別的判断にかかるものであり、なんらかの画一的・形式的な基準によるものではない」（幾代通『民法総則［第2版］』51頁（青林書院、1984）ことを押さえておきましょう。

## 3　認知症の患者数は将来どうなるの？

ところで、様々な認知症リスクがある中で、認知症の患者数は、今後どのように推移していくと考えられているのでしょうか？

### 65歳以上の５人に１人が認知症!?

2025年には認知症の患者数が700万人を突破し、65歳以上の高齢者のうち、20.6％（５人に１人）が認知症を発症していると推測されています。

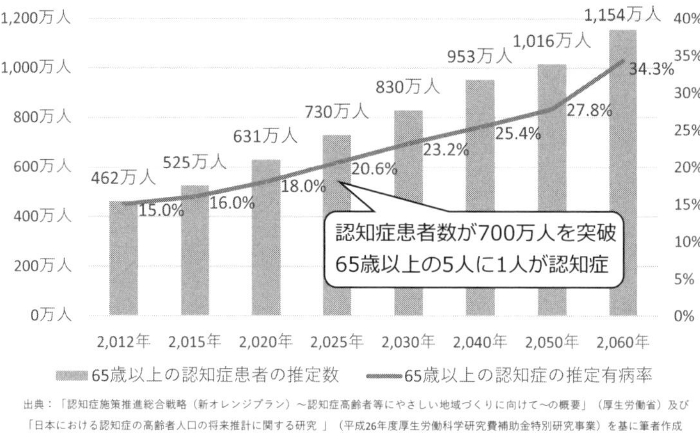


出典：「認知症施策推進総合戦略（新オレンジプラン）～認知症高齢者等にやさしい地域づくりに向けて～の概要」（厚生労働省）及び「日本における認知症の高齢者人口の将来推計に関する研究 」（平成26年度厚生労働科学研究費補助金特別研究事業）を基に筆者作成

### 認知症が発症してからのグレーゾーンが狙われている!?

判断能力が低下すると、第三者の言うことに誘導されやすくなるといいます。認知症が発症してから死亡するまでの間に、誰かに財産を狙われることもあるかもしれません。

## 世の中は、法律行為であふれています。

人々が、個々の意思に基づき生活を送るためには、法律というルールを作り、それを守る必要があります。そして、日常生活の中では、意識することもなく、法律のルールに従い、法律で定められた行為を行っています。

例えば、コンビニでおにぎりを買う行為も、民法で定める（売買）契約という法律行為に当たります。民法のルールは、人々の生活に浸透しているため、ルール違反をして指摘でもされなければ、そのルールを意識することはほとんどないでしょう。

ところが、判断能力を欠く者だと知らずに、その者と契約等の法律行為をしてしまっていた場合には、ある日突然、ルール違反を指摘され、「その契約は無効」だと主張される可能性があるのです。

## 認知症に関わる制度を理解することが求められます。

超高齢社会とは、高齢化率が21％を超えた社会のことをいいますが、平成28年版厚生労働白書では、わが国の高齢化率が2025年には30.3％になると推測していました。日本は、超高齢社会といわれる社会の先を進んでいます。

身近に認知症の方がいる場合だけでなく、すれ違う人々の中に認知症の方がいる場合も想定して、多くの方々が認知症に関わる制度を理解する必要があるでしょう。

COLUMN

## 社長が判断能力を失ったときに、現れたのは……

これから、お話することは、筆者の実体験になります。

私の父は、私が高校を卒業するときに、肝硬変で働けなくなりました。

私が大学４年生のときには、肝硬変が進行して、肝性脳症になり、私のことが誰かも分からなくなってしまいました。

母と兄は仕事があったので、当時学生だった私は、病室に泊まり込み、父の看病をしながら、空いている時間を勉強の時間にあてました。

私の故郷は、山梨県韮崎市です。熊が目撃されることもある田舎で、私は育ちました。小さな町なので、町内を歩いている人は、大体どこの誰かが分かります。ある日、物事の判断がつかなくなった父の病室に、見知らぬスーツ姿の男性がお見舞いに来ました。親戚でも町内の方でもありません。父の仕事関係の方がお見舞いに来てくれたのだろうと思いましたが、その表情を見て直感的に怪しいと感じました。さらに、父の耳元で話している内容がどうもおかしいのです。

「お宅の会社の事務所は、俺に貸してくれると言っていたよな？」見知らぬ男性が父に話しかけていました。

「すみません。父の容態が思わしくないので、今日のところは、お引き取り願えますか？」私は、恐る恐るその怪しい男性にお願いしました。

あとで、母に尋ねると、父がそのような約束をするはずがないとのことでした。

# 2 社長の地位が脅かされる認知症リスク

## 1 社長の地位が奪われる？

社長の認知症が進行して、判断能力が失われていくと、自ら預金を引き出すことができない、介護を受けたいときに手続ができないなど、今までどおりの日常を送ることも難しくなるでしょう。

### 判断能力が低下した社長を守ってくれる人は？

このとき、社長の権利を守り、支援してくれる人がいてくれたら、安心です。家庭裁判所に選任され、判断能力が不十分な方の財産管理や生活、療養看護に関する事務を行う者のことを成年後見人等（成年後見人、保佐人、補助人）といいます。成年後見人等が、個人の尊厳を守りながら、財産管理や日常生活を送るために必要な事務（後見等事務）を行います。

### 社長に成年後見人が付されると、取締役の資格を失います！

ただし、社長に成年後見人（または保佐人）が付されると、取締役（後述25頁）の資格を失います。取締役の欠格事由に該当し、取締役を退任させられてしまうのです。なお、成年後見人が付された人のことを成年被後見人（以下、本人）といいます。

社長
認知症
もの忘れがひどくてね
成年後見人
（または保佐人）
が付される
取締役
退任
会社法
取締役の欠格事由（注）に該当します。

（注）会社法の一部を改正する法律（令和元年法第70号）が施行されると、撤廃されます。詳細については後述します。

## 「代表取締役社長」という肩書は何を表している？

それでは、社長が、取締役の地位を失うことがどのようなことを意味するのかについて、順を追って確認しましょう。

まずは、用語の整理からです。「代表取締役社長」という肩書を見聞きしたことがあるかと思います。

「代表取締役社長」という肩書は、法律上の地位と社内の地位の両方を表す呼称です。じつは、「社長」という用語は、法律用語ではありません。社内の規定で定めた役職、すなわち社内の地位を表します。

一方、「代表取締役」および「取締役」という用語は、法律用語です。「代表取締役」は、対外的に会社を代表する法律上の地位を表します。

「代表取締役社長」という肩書から、対外的に会社を代表する権限を有し、かつ社内では、社長という地位にある方であることが分かりますね。

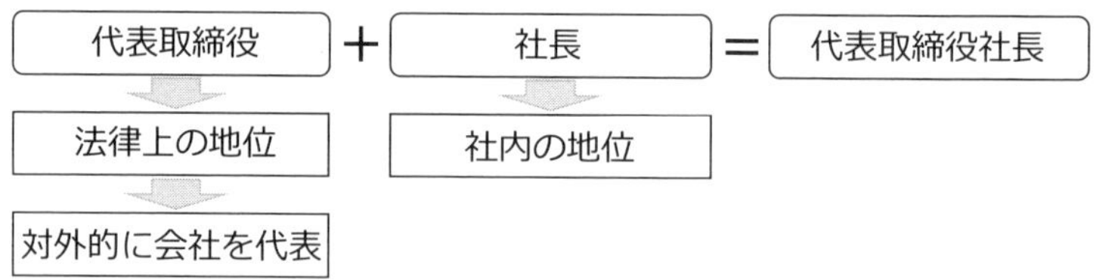


## 代表取締役は取締役の中から選ばれます。

基本的に、会社を代表するには、取締役であることが条件となります（注２）。そして、代表取締役は、特別な場合（注３）を除き、取締役の中から選ばなければいけない決まりとなっています。

（注２）指名委員会等設置会社は例外となります。本書では、説明の便宜上、委員会設置会社は無視しています。

（注３）裁判所が「一時代表取締役の職務を行うべき者」や「代表取締役の職務を代行する者」を定めた場合をいいます。

## 取締役の地位を失うと、代表取締役の地位も失います。

社長に成年後見人が付されると、取締役の欠格事由に該当し、取締役退任となります。このとき、取締役であることを前提とする代表取締役も退任となり、対外的に会社を代表することもできなくなります。

**専門用語**

| | |
|---|---|
| 取締役 | ・取締役会設置会社では、取締役会の構成員にすぎない。<br>・取締役会非設置会社では、原則として、会社の業務執行を行う機関となり、各取締役が会社を代表する。 |
| 取締役会 | 「取締役全員で構成し、その会議により業務執行に関する意思決定をするとともに取締役の職務執行を監督する機関である」（※） |

（※）神田秀樹『会社法〔第21版〕』217頁（弘文堂、2019）

## 失うものは、取締役の地位だけではなかった。

成年後見人が付されると、会社法が定める取締役の欠格事由だけでなく、他の法律等が定める欠格事由に該当し、公務員や弁護士、医師等の資格も失われていました。

こうしたことが、成年後見制度の運用が進まない一要因であると問題視され、令和元年（2019年）６月７日、各制度が定めた成年後見人が付された人を一律に排除する欠格条項を原則として削除する一括法が成立しました。今般の改正により、次表に示す欠格条項が全面的に撤廃されました。

なお、会社法が定める取締役の欠格条項は、この一括法の対象外です。

**■欠格条項が削除される法律**
（出典：平成30年２月28日第60回社会保障審議会医療部会資料３）

| 資格・職種・業務等 | 改正となる法律 |
|---|---|
| 公務員等 | 国家公務員法、自衛隊法等 |
| 士業等 | 弁護士法、医師法等 |
| 法人役員等 | 医療法、信用金庫法等 |
| 営業許可等 | 貸金業法、建設業法等 |
| 法人営業許可等 | 同上 |

**■施行期日（公布日：令和元年（2019年）６月14日）**

| 令和元年６月14日 | 准介護福祉士、養育里親及び養子縁組里親、酒類の販売業免許等 |
|---|---|
| 令和元年９月14日 | 国家公務員、自衛隊員、マンション管理士、旅行業務取扱管理者、社会福祉法人の役員、宅地建物取引業の免許、建設業の許可等 |
| 令和元年12月１日 | 一級建築士免許、二級建築士免許等 |
| 令和元年12月14日 | 医師、介護福祉士、教員、弁護士、行政書士、警備員、税理士、地方公務員、農業協同組合の役員、貸金業の登録、古物営業の許可等 |

（出典）裁判所HP　裁判手続 家事事件Q&A　第11　成年後見に関する問題　Q.成年後見制度を利用すると、制限されることなどはあるのでしょうか。https://www.courts.go.jp/saiban/qa/qa_kazi/index.html

**ここを確認**

☑成年後見人が付されると、取締役の欠格事由に該当し、取締役退任となります。結果として、代表取締役も退任となります。

☑欠格条項が削除される法律については、成年被後見人等の残存する判断能力を個別的・実質的に審査する方向に、適正化が図られます。

## 2　成年後見制度の仕組み

ここからは、成年後見制度の仕組みを確認していきましょう。

成年後見制度は、認知症、知的障害、精神障害、発達障害などによって、判断能力が不十分な方（本人）を法律的に保護・支援する制度です。本人の権利を守る支援者を選び、その支援者が本人を保護・支援します。

### 成年後見制度の類型

成年後見制度は、「法定後見」と「任意後見」の２つに大きく分類されます。そのうち、「法定後見」には、本人の判断能力の程度に応じて、「後見」、「保佐」、「補助」の３つの類型が用意されています。

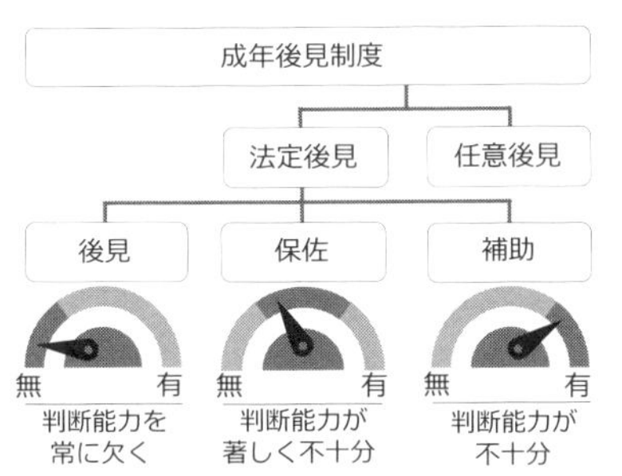


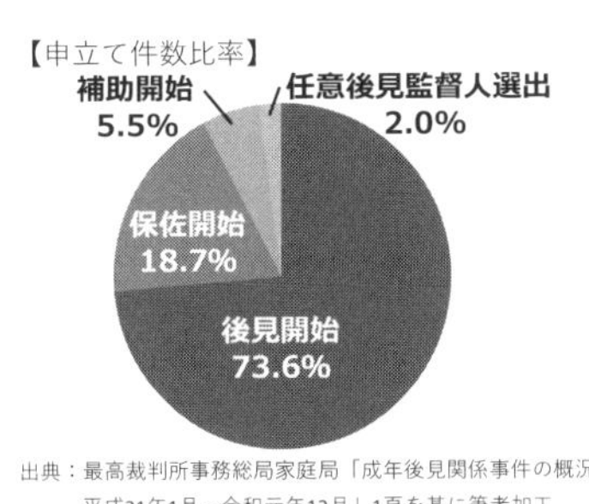


出典：最高裁判所事務総局家庭局「成年後見関係事件の概況
平成31年1月～令和元年12月」1頁を基に筆者加工

### 『法定後見』と『任意後見』の位置付け

まずは、法定後見と任意後見の顕著な相違点として、下表の２つの質問の解答を押さえてください。

| | 任意後見制度 | 法定後見制度 |
|---|---|---|
| 手続をするのはいつ？ | 判断能力が不十分になる前 | 判断能力が不十分になった後 |
| 支援者を選ぶのは誰？ | 本人 | 家庭裁判所 |

## 「任意後見」の特徴は？

判断能力が不十分になる「前」に手続をする制度が任意後見制度です。任意後見制度は、将来、判断能力が不十分になったときに備えて、本人が選んだ人（任意後見人）に、代わりにしてもらいたいことを公正証書による契約で定めておく制度です。契約が締結されると、その内容が登記されます（後述151頁）。

任意後見制度を利用するか否かは任意ですが、任意後見契約が登記されている場合は、原則として、法定後見は開始されません。例外として、家庭裁判所が、本人の利益のため、特に必要があると認めるときに限り、法定後見を開始することができるとされています。

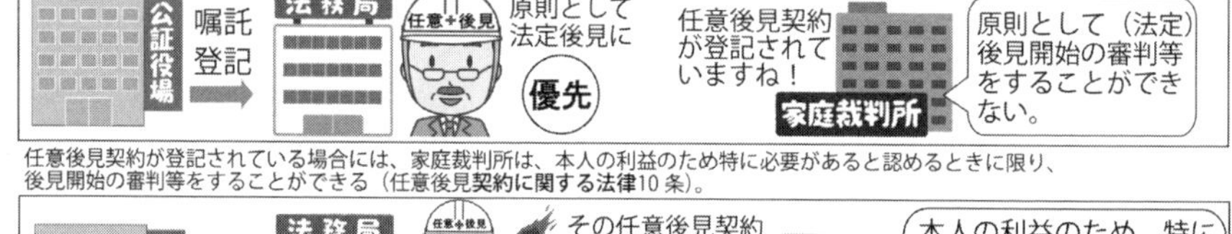


任意後見契約が登記されている場合には、家庭裁判所は、本人の利益のため特に必要があると認めるときに限り、後見開始の審判等をすることができる（任意後見契約に関する法律10条）。

## 法定後見制度の３類型

一方、判断能力が不十分になった「後」に手続をする制度が、法定後見制度です。法定後見制度は、家庭裁判所に選ばれた適任者（成年後見人等）が、判断能力が不十分な方を支援します。

認知症の方も、判断能力が低下したとはいえ、自分の意思で決定したいこともあるでしょう。法定後見制度では、本人が自己決定する意思を尊重し、本人の判断能力に応じて、本人を保護・支援をするように類型が分かれています。それが、後見・保佐・補助の３類型です。その３類型について、主な共通点と相違点を次表で確認してみましょう。

■法定後見制度３類型（後見・保佐・補助）の主な相違点

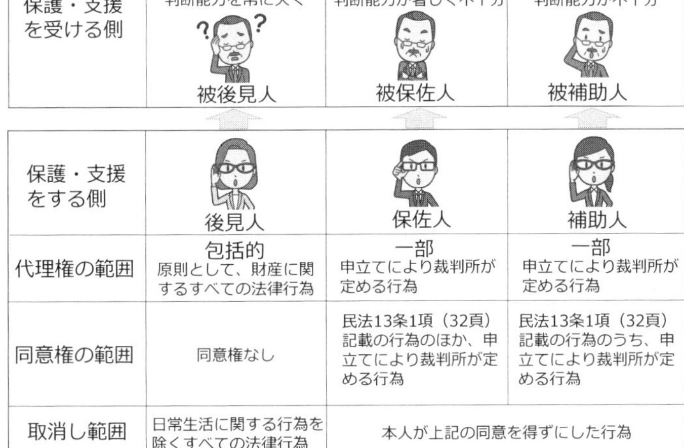

| 保護・支援を受ける側 | 無　有<br>判断能力を常に欠く<br>被後見人 | 無　有<br>判断能力が著しく不十分<br>被保佐人 | 無　有<br>判断能力が不十分<br>被補助人 |
|---|---|---|---|
| 保護・支援をする側 | 後見人 | 保佐人 | 補助人 |
| 代理権の範囲 | 包括的<br>原則として、財産に関するすべての法律行為 | 一部<br>申立てにより裁判所が定める行為 | 一部<br>申立てにより裁判所が定める行為 |
| 同意権の範囲 | 同意権なし | 民法13条1項（32頁）記載の行為のほか、申立てにより裁判所が定める行為 | 民法13条1項（32頁）記載の行為のうち、申立てにより裁判所が定める行為 |
| 取消し範囲 | 日常生活に関する行為を除くすべての法律行為 | 本人が上記の同意を得ずにした行為 | |

３類型に共通する点は、家庭裁判所の監督下[注４]において、本人の意思を尊重し、かつ本人の心身の状態や生活状況に配慮しながら、本人を保護・支援することです。本人の残存する意思を尊重すべく判断能力の程度に応じて、成年後見人等に権限の範囲に差異が生じています。

成年後見人には、本人の財産に関するすべての法律行為を行うことができる包括的な代理権と取消権が与えられることが、最大の特徴です。

（注４）成年後見人等は、原則年１回、自主的に家庭裁判所に後見等事務の報告を行う必要があります。

## 法定後見制度の仕組み

法定後見制度を利用するには、家庭裁判所に申立てをする必要があります。しかし、判断能力が低下して、本人自ら申立てをすることが困難な場合もあるでしょう。本人の親族等（後述221頁）が、家庭裁判所に申立てをすることが認められています。

家庭裁判所は、申立てに基づき、成年後見人等を選任して、後見等開始の審判を下します。選任された成年後見人等が、身上配慮義務等を負いながら、本人の財産管理・身上監護の事務（後見等事務）を行っていきます。

ここでいう身上配慮義務とは、『「療養看護」に限らず、本人の「生活、療養看護及び財産の管理」に関する事務全般について、本人の「心身の状態及び生活の状況」への配慮が責務とされていること』（小林昭彦・大門匡・岩井伸晃編著『新成年後見制度の解説〔改訂版〕』150頁（一般社団法人金融財政事情研究会、2017））をいいます。

身上配慮義務の範囲は、原則として、契約等の法律行為に限られます。純然たる事実行為、例えば「現実の介護行為は（成年後見人等の）職務の範囲外」（赤沼康弘・土肥尚子『事例解説 成年後見の事務』110頁（青林書院、2016））となります。

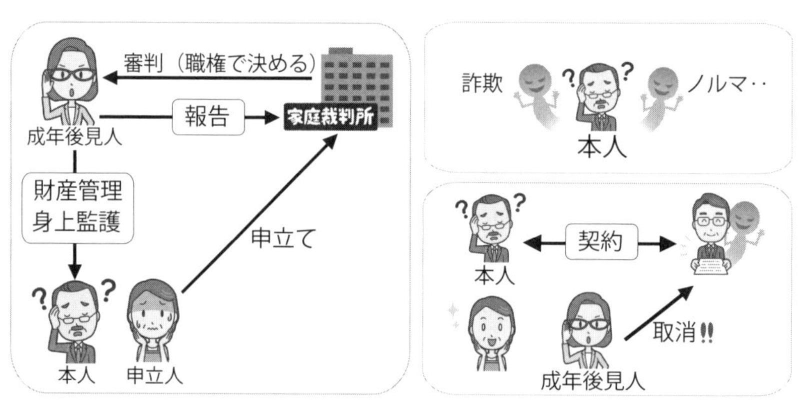


**専門用語**

| | |
|---|---|
| 財産管理 | 本人の預貯金の出し入れや不動産の管理等を行うこと |
| 身上監護 | 本人のために診療・介護・福祉サービス等の利用契約を結ぶこと |

次に、成年後見人等に与えられた権限を順に確認していきましょう。

## 成年後見人の権限

成年後見人には、本人の財産に関するすべての法律行為を行うことができる包括的な「代理権」と、日用品の購入その他日常生活に関する行為を除き、本人が自ら行った法律行為を取り消すことができる「取消権」が与えられています。

## 保佐人の権限

保佐人には、本人が行う一定の行為（民法13条１項記載の行為）について「同意権」が与えられており、本人が保佐人の同意なしにした行為を後から取り消すことができます。その一方で、保佐人が、本人の法律行為を代理する必要がある場合には、家庭裁判所に申立てをして、特定の法律行為について、代理権を付与してもらう必要があります。

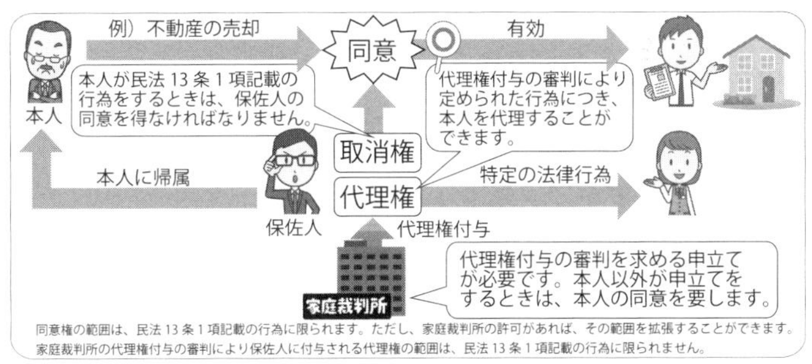

同意権の範囲は、民法 13 条 1 項記載の行為に限られます。ただし、家庭裁判所の許可があれば、その範囲を拡張することができます。
家庭裁判所の代理権付与の審判により保佐人に付与される代理権の範囲は、民法 13 条 1 項記載の行為に限られません。

## 補助人の権限

補助人は、家庭裁判所に申立てをして、「同意権」または「同意権・代理権の双方」を付与してもらう必要があります。補助人に付与される同意権は、本人が行う一定の行為（民法13条１項記載の行為）のうち、家庭裁判所が認めた行為に限られます。なお、代理権については、保佐人と同様です。

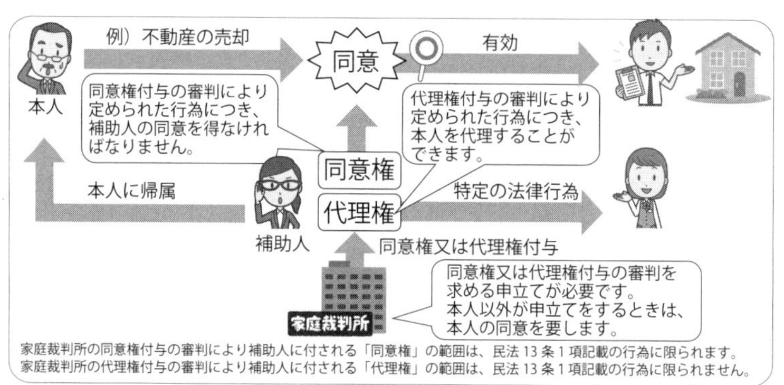

家庭裁判所の同意権付与の審判により補助人に付される「同意権」の範囲は、民法 13 条 1 項記載の行為に限られます。
家庭裁判所の代理権付与の審判により補助人に付される「代理権」の範囲は、民法 13 条 1 項記載の行為に限られません。

**■民法13条１項記載の行為**

| | |
|---|---|
| (1) | 元本を領収し、又は利用すること。 |
| (2) | 借財又は保証をすること。 |
| (3) | 不動産その他重要な財産に関する権利の得喪を目的とする行為をすること |
| (4) | 訴訟行為をすること。 |
| (5) | 贈与、和解又は仲裁合意をすること。 |
| (6) | 相続の承認若しくは放棄又は遺産の分割をすること。 |
| (7) | 贈与の申込みを拒絶し、遺贈を放棄し、負担付贈与の申込みを承諾し、又は負担付遺贈を承認すること。 |
| (8) | 新築、改築、増築又は大修繕をすること。 |
| (9) | 第602条に定める期間を超える賃貸借をすること。 |

## 3 法定後見制度の実例として、意外な結果が出ることも!?

法定後見制度には否定的な見解も見られます。東京都及び千葉県の家庭裁判所に申立てをした実例の結果と対比してみましょう。

■法定後見制度の実例との対比

| | 東京都・千葉県の実例 | 他で見聞きする見解 |
|---|---|---|
| 親族後見人の選任可否 | 希望したとおり親族が後見人になることもある。 | 親族は後見人になることができない。 |
| 後見人の年齢制限 | 80歳代の方が後見人になることもある。 | 高齢だと後見人になることができない。 |
| 審判が下りるまでの期間 | 申立てから15日（※1）で、後見開始の審判（※2）が下りることもある。 | 申立てから後見開始の審判が下りるまで2～5か月かかる。 |
| 処理の柔軟性 | 家庭裁判所は個別的に処理してくれる。 | 家庭裁判所が画一的に処理する。融通が利かない。 |
| 申立書等の書式 | Word形式の申立書等を加工して提出する（後述）。 | 申立書等の書式が決められている。 |
| 高額な預金の管理 | 高額な預金は信託以外の管理方法もある。 | 高額な預金は銀行に信託することになる。 |

（※1）初日不算入の原則に従った日数を表記しています。なお、家庭裁判所の面接日の翌日に審判書が届き、親族のみ成年後見人に選任された実例です。
（※2）家庭裁判所の決定のこと（後述225頁）

なお、法定後見制度を利用したときの感じ方に違いがあることや手続等に地域差があることをご了承ください。

上記表に示した15日で後見開始の審判が下りた実例については、第5章でご紹介します。

# 3　会社の法律行為に潜む認知症リスク

## 1　会社という存在に会ったことがありますか？

先述したとおり、契約などの法律行為は意思表示なくして成立しません。それでは、会社（本書は、株式会社を前提に説明していきます）はどのように意思表示を行っているのでしょうか？

皆さんは、会社という存在に会ったことがありますか？　想像してみてください。例えば、皆さんが携帯電話を購入するとき、携帯会社と契約を締結しています。その契約をするとき、皆さんの目の前にいる人は、会社でしたか？　販売員さんでしたか？

こちらの契約書に
サインしてください。

**会社は、目に見えない存在です。**

会社という存在に直接会うことはできませんが、皆さんは、会社と契約しています。つまり、会社を目で見ることはできませんが、その存在を確認することはできるはずです。

実は、会社には法律で、あるものが与えられました。それが「人格」です。会社には、法人格という人格が与えられ、（自然）人と同じように、権利を得て、義務を負う主体になれるのです。

## 会社は目に見えない存在なのに、どうやって契約しているの？

あくまで会社は、観念的に定義された「見えない」、「意思もない」存在です。会社が人と同じように、権利と義務の主体になるには、意思表示ができる誰かを通じて行わなければなりません。

その誰かとは、会社の代表者のことです。会社の代表者とは、会社の代表権を有する業務執行機関のことを意味します。

再度、携帯電話を購入する場面を想像してみてください。購入時に交わす契約書にはその携帯会社の代表者の氏名が記載されていませんでしたか？

## 会社の法律行為は、会社の代表者を通じて行われます。

「代表者が株式会社のためにした行為の効力は、原則として、株式会社に及ぶ」（田中亘『会社法〔第２版〕』10頁（東京大学出版会、2018））とされています。つまり、会社の代表者が、会社の名前で第三者と契約を結ぶことを通じて、会社にその契約の効果が帰属しています。それで、契約書に代表者の氏名が記載されているのですね。

では、会社の代表者といえば誰でしょうか？

## 会社の代表権を有する代表取締役

その名の通り、代表取締役です。代表取締役が有する会社の代表権は、株式会社の業務に関するいっさいの（裁判上又は裁判外）の行為に及びます。

一方、取締役会設置会社において、代表取締役以外の取締役は、会社の代表権を持たず、業務執行機関でもありません。単に、取締役会の構成員にすぎません。原則として、代表取締役以外の取締役がした行為の効果は、会社に帰属しません。

ここからは補足です。「取締役会長」のした行為はどうなるでしょうか？株式会社は、代表取締役以外の取締役に、株式会社の代表権を有するものと認められる名称を与え、かつ、その取締役に代表権がないことにつき、善意（知らない）・無重過失（重大な過失がない）の第三者に対して責任を負うことになります（最二小判昭和52・10・14民集31巻６号825頁）。

## 会社を代表するのは、１人だけとは限りません。

取締役会を設置する会社では、取締役の中から代表取締役を選び、その代表取締役が会社の代表者となることが基本ですが、取締役会を設置しない会社では、代表取締役の選定は任意です。代表取締役を選定しない場合、誰が会社を代表するかというと、各取締役が会社を代表します。

会社の代表者は１人だけとは限らないのですね。それでは、複数の代表者が会社のためにした行為は、どうなるでしょうか？

### 複数の代表者がいる場合、各代表者の行為は会社に帰属する？

原則として、複数の代表者が会社のためにした行為の効果は、それぞれ会社に帰属することになります。

取締役会を設置する会社であっても、複数の代表取締役を置くことがあります。代表取締役に人数の制限はありません。

ここまでのまとめとして、取締役会の設置の有無ごとに、基本的な株式会社の代表者を整理したものが次の図です。本書を読み進めるうえで必要な知識となりますので、押さえておきましょう。

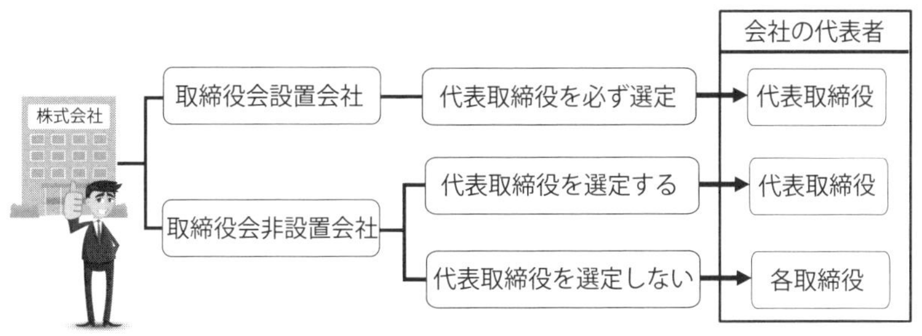


**ここを確認**

☑会社の法律行為は、代表者を通じて行われます。

☑複数の代表者がいる場合、原則として、各代表者が会社のためにした行為の効果が、それぞれ会社に帰属します。

## 2　会社の代表者が認知症➡会社の法律行為（さらにくわしく）

会社の法律行為は、代表者を通じて行われることを確認しました。ここからは、会社の代表者が認知症になり、判断能力を失ったときに想定されることをさらに考えてみたいと思います。

### 認知症の疑いのある社長との取引は嫌がられる!?

取引先の社長（代表者）が、認知症等により判断能力を失うと、その取引先に対する債権回収ができなくなる可能性があります。未払い分を請求（以下、催告）しても、判断能力を失った取引先の代表者では、その催告を受領することができません。結果として、取引先の会社に対しても、その催告の効力が生じないため、債権回収ができないのです。

民法では、意思表示をした側から、「相手方に意思表示が到達した」と主張することができない場合が定められています。それは、意思表示の相手方に❶判断能力がない、または❷成年後見人が付されていたときです。

民法改正条文で意思無能力の部分を明文化！

民法第98条の2（意思表示の受領能力）
　意思表示の相手方がその意思表示を受けた時に意思能力を有しなかったとき又は未成年者若しくは成年被後見人であったときは、その意思表示をもってその相手方に対抗することができない。ただし、次に掲げる者がその意思表示を知った後は、この限りでない。
　1　相手方の法定代理人
　2　意思能力を回復し、又は行為能力者となった相手方

代表者に認知症の疑いがある会社は、取引先から倦厭（けんえん）されることも考えられるでしょう。

## 社長の身内が私文書偽造等の罪になる可能性も!?

無断で、判断能力がない社長になりすまして契約書等を作成した場合、私文書偽造にあたります。実務上、問題にならないこともあるかもしれませんが、事業承継の場面では、私文書偽造が原因で事業承継が失敗に終わることは珍しいことではありません。

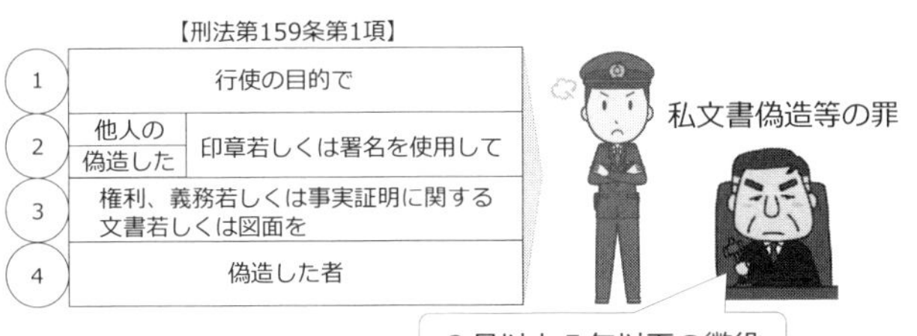


## 成年後見人が付されて、代表者が不在になったらどうなるの？

くわしくは、後述しますが、成年後見人が付され、代表者が不在になると、次のようなことが起こり得ます。

| ☒ 対外文書や手形等に会社の実印を押すと問題が生じる可能性がある。 |
|---|
| ☒ 取締役に欠員が生じ、取締役会の決議ができない。 |
| ☒ 定款に別段の定めを置き、代表取締役に権限を集約したことができない。 |

### ここを確認

☑取引先の社長が判断能力を失うと、債権回収ができなくなるリスクが生じます。

☑判断能力がない社長になりすまして、契約書等を作成した場合、私文書偽造の罪に問われることがあります。

## 認知症による人離れリスク

パナソニック株式会社の創業者であり、経営の神様と呼ばれた松下幸之助さんの有名な言葉に、「事業は人なり」という言葉があります。社長のカリスマ性や人間性に惹かれ、「この社長だからついてきた」という従業員の方もいるでしょう。その社長が認知症になり、物事の判断がつかなくなったら、どうなるか想像してみてください。会社から、従業員さんも取引先も離れていくことがあるかもしれません。悲しいことですが、社長が認知症になると、人離れという現象が起こることがあるのです。

### COLUMN

### 所長についてきたので、辞めようと思っていました……

筆者が継ぐ義父の税理士事務所は、離職率が高い会計業界では珍しいことに、人がほとんど辞めません。義父が20代のときに創業し、番頭さんをはじめとする職員さんたちが長きに渡って事務所を支えてきてくれました。

その事務所に、ある日突然、後継者と名乗る娘婿（マスオさん）が現れたのですから、職員さんたちは驚いたに違いありません。

私が初心者マークをつけながら、後継者として勤務して数年経った頃、ある職員さんが心に秘めていたことを打ち明けてくれました。

「私は、所長についてきたので、所長が辞めるときに、私も辞めようと思っていました」……後継者の私は、内心ドキッとしました。

少し間が空いてから、その職員さんは、再び話し始めました。

「でも、坂本さん（筆者）が心配なので、ついていくことにしました」

それまで、職員さんたちに心配させることばかりでしたが、このときは、本当に良かったと思いました。禍転じて福と為しました。

## 経営の舵を手放すリスク

社長が認知症になり、判断能力が低下すれば、経営判断も鈍ってしまうでしょう。まして、社長に成年後見人が付されると、取締役退任となるため、経営の舵を手放すことになります。

経営の舵を切る人がいなくなった会社が目まぐるしく変わる経営環境の荒波を超えていけるのでしょうか？

社長がいるから成り立っている会社の事業があると思います。社長だから、ついてきた従業員さんも多くいることでしょう。社長のことを信頼しているから継続的に取引をしてくれている取引先等も同様です。

## 事業上のリスクには、社長の健康リスクも含まれる。

社長が働けなくなったとしても、会社の事業が続けられるのであればよいのですが、中には、事業が続けられなくなり、従業員さんや取引先を悲しませてしまう会社もあるのではないでしょうか？

そうならないように、経営者の健康面に問題が生じることを想定して、事前に対策（予防）を講じておくことが肝要です。

事業上のリスクには、社長の健康リスクも含まれることを心に留めておきましょう。

# 4　社長の個人資産に潜む認知症リスク

## 1　認知症になると、社長の個人資産が凍結するの？

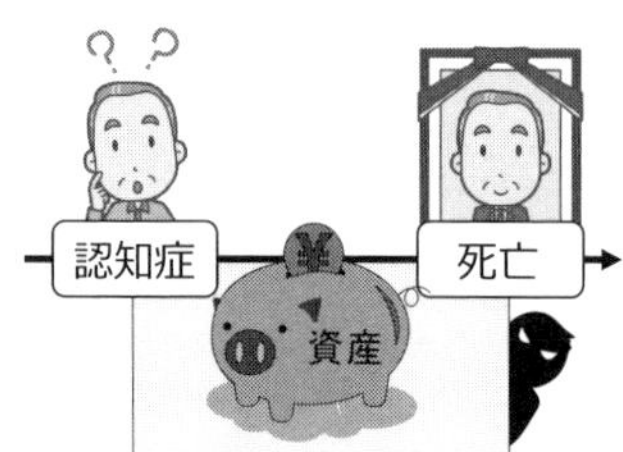


「認知症になると資産が凍結する」と見聞きすることがありますが、先述したとおり、認知症の症状には程度があります。認知症が発症してすぐに資産がカチカチに固まって、動かせなくなるわけではありません。

### 認知症になったら、資産が凍結するわけではないが…

しかし、認知症が進行し、判断能力を失うと、預貯金の引出しができなくなります。このことが、「認知症」から「資産の凍結」を強く連想させるのでしょう。ここで、金融機関の視点に立ってみましょう。

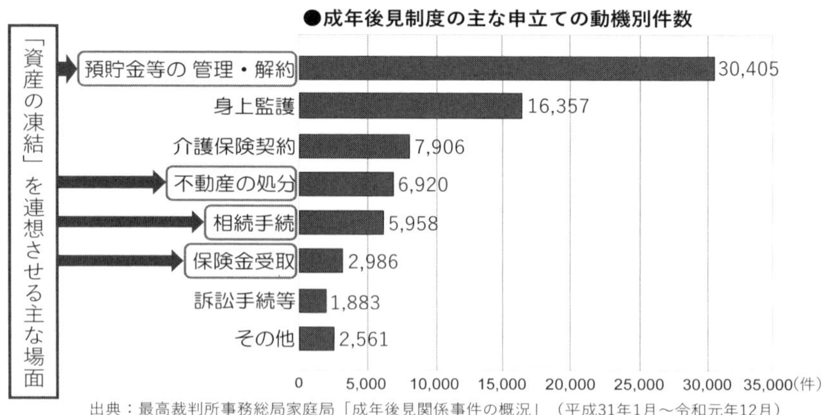


出典：最高裁判所事務総局家庭局「成年後見関係事件の概況」（平成31年1月～令和元年12月）

## 金融機関にもリスクが生じます。

預金者本人が、預金の引出し（※法律行為）をしたときに、判断能力を失っていると、その預金の引出しに対応した金融機関は、事後的に無効主張されるリスクを負ってしまいます（17頁）。

さらに、「犯罪による収益の移転防止に関する法律」に基づき、金融機関の取引に際して、本人確認が徹底されています。金融機関側で、預金者の本人確認ができない場合、その確認ができるまで、払い戻しができません。

じつは、金融機関にも、口座を凍結せざるを得ない理由があるのです。

※「銀行での口座開設から預金の預入、預金の引出し、更には振込みに至るまで、通常の預金取引とは、個人と銀行との預金契約の締結と解約、当該個人の預金者としての地位に基づく権利行使等の法律行為である」（山下純司「第1章　預金取引と成年後見」金融法務研究会報告書（25）近時の預金等に係る取引を巡る諸問題　2頁（金融法務研究会、2015））と解されています。

## 金融機関も対応に追われます。

少子高齢化が進むわが国の金融機関では、高齢の預金者に対する窓口対応に費やす時間が一層増加すると考えられます。

預金者が認知症になり、判断能力が低下すると、通帳やキャッシュカードを紛失する、暗証番号を失念するといった機会が増えるでしょう。窓口で都度その対応をすることになれば、通常業務に支障が出ます。

### 税務調査で役員報酬が否認される!?

ほかにも、税務調査の場面で、社長の認知症が問題となる可能性があります。本来、役員報酬は、職務執行の対価として支払われます。社長が認知症になり、判断能力を失えば、今までどおりに、職務を執行することができなくなります。

会社が税務調査を受けたときに、その社長に支払った役員報酬が健常時と同等に高額であれば、過大だと指摘される可能性も否定できません。

### 相続の生前対策ができない!?

社長亡き後、遺産を残された相続人が困らないように、相続の生前対策をしたい方もいるかと思いますが、社長が認知症になり、判断能力を失ってしまうと、生前の意思表示を要する相続対策は基本的にできなくなってしまいます。

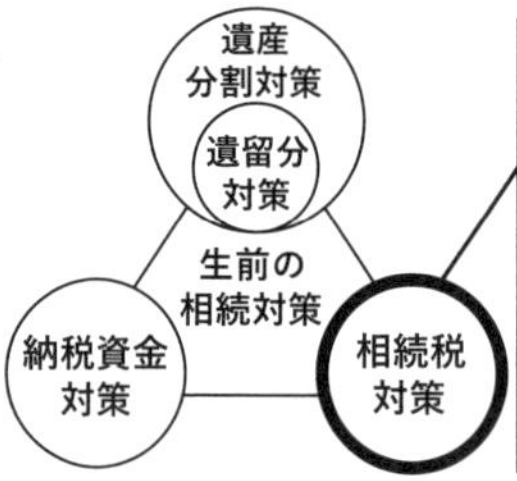

遺産分割対策
遺留分対策
生前の相続対策
納税資金対策
相続税対策

| 主な対策手法 | 判断能力を失うと原則無効となる必要手続 |
|---|---|
| 生前贈与 | 贈与契約、名義変更手続 等 |
| 不動産 | 売買契約、金銭消費貸借契約、登記申請 等 |
| 生命保険 | 保険契約、告知 等 |
| 養子縁組 | 養子縁組届、本人確認 等 |

## 2　成年後見人が付されたら、社長の個人資産はどうなるの？

次に、成年後見人が付された社長の個人資産について見ていきましょう。

### 成年後見人が社長（本人）の財産を維持・管理します！

後見開始の審判が確定して以降，成年後見人が社長（以下、本人）の財産を適切に維持・管理していきます。そのため、本人（またはその親族）による自己の預貯金の払い戻しなどはできなくなりますので，ご留意ください。

**参考**　金融機関の預金規定には、次のような届出義務と免責規定が置かれており、職務を開始した成年後見人は、金融機関に届出をします。

| | |
|---|---|
| 届出義務 | 家庭裁判所の審判により、補助・保佐・後見が開始された場合には、直ちに成年後見人等の氏名その他必要な事項を書面によって届出をする。 |
| 免責規定 | 届出の前に生じた損害について、金融機関は責任を負わない。 |

上記免責規定は、合理的な定めとして有効であり、この届出をしない間に行った（本人による）預金の払い戻しを取り消すことができない（金融機関は、当該払戻相当額の返還義務は負わない）と解されています[注5]が、「窓口において預金者の判断力を疑うべき事情があるのに、特段の確認をすることなく漫然と払い戻しに応じたような場合には、取引安全を考慮する必要がないとして、金融機関が免責されない可能性もあります」[注6]。

金融機関が、顧客の判断能力の有無を都度確認する負担と看過したときのリスクを抱えていることを頭の片隅に置いておきましょう。

（注５）東京高判平成22・12・８金融・商事判例1383号42頁
（注６）笹川豪介編著『金融実務に役立つ成年後見制度Q&A』182頁（経済法令研究会、2017）

## 成年後見人は私の家族の味方ですか？

成年後見人は、成年被後見人（本人）を支援します。しかし、本人のご家族の味方になるとは限りません。本人の財産を守るために、そのご家族の希望に沿えないこともあるのです。さらに、成年後見人が本人の財産を管理しますが、本人の財産が減らないように気をつけています。

## 財産管理の方針は、誰が決めるの？

財産管理を含む後見事務の方針は、基本的に、成年後見人の裁量に委ねられています。

留意すべきは、成年後見人に与えられた権限は、「本人の利益」のために行使しなければならない点です。成年後見人は、善良な管理者としての注意義務（善管注意義務）を負います。その注意義務に違反し、本人に損害を与えた場合、損害賠償の責任を負うことがあります。

## 贈与することはできないの？

成年後見人が、本人の財産を贈与することや、本人の財産を運用（新たな投資）に回すことは、原則として認められていません。

ただし、「贈与の特別の必要性があり、または明らかに本人の意思に沿う場合は贈与をすることも認められるとの判断に異論はないであろう」

（赤沼康弘『成年後見人の権限と限界』判タ1406号14頁）と解されています。

それでは、本人が孫のために毎年50万円ずつ贈与してきた場合、成年後見人が付されても、贈与を継続することはできるのでしょうか？

「後見人が、贈与を継続することが本人の意思に沿うものであり、本人の財産状況や他の親族の心情等に照らしても問題ないと判断した場合は、後見人の判断で贈与を継続して差し支えありません。その場合は、定期報告の際に贈与の事実についても報告してください」（東京家庭裁判所後見センター「よくある質問」Q107（https://www/courts.go.jp/tokyo-f/R020401kouken/010802.pdf））とされています。

## 居住用不動産の処分をするときには、家庭裁判所の許可を要します。

判断能力が不十分な方にとって、住むところはとても大切です。判断能力を失い、住むところも失う。想像するだけで怖くなりますね。

本人の居住用不動産を処分するときは、成年後見人だけの裁量で処分することはできません。事前に家庭裁判所の許可が必要になります。

このとき、留意すべき点は、適正価額で処分しなければならないことです。例えば、相場より不相当に安く売却して、本人の利益を害する売買契約は、特別の事情がない限り、認められません。

成年後見人が、居住用不動産処分の許可の申立てをする場合、通常、2社以上の不動産会社の査定書の提出が求められます。成年後見制度に理解ある不動産会社を探さなければなりません。

## 3　成年被後見人（本人）が亡くなった場合はどうなるの？

ここからは、成年被後見人が死亡した場合について確認していきます。

### 成年後見人のお役目は終了します。

任務を終了いたします。

本人

成年後見人等

成年被後見人（本人）の死亡により、成年後見人の任務は終了し、差し迫った事情がある場合を除き、成年後見人の権限を行使することができなくなります。

もっとも、成年後見人は、任務が終了しても、任務終了に伴う事務を行う必要があります。任務が終了した成年後見人は、所定の手続を経て、本人の財産を相続人に引き継ぎます。

### 成年後見人は、死後事務ができる！

民法改正（平成28年10月13日施行）により、成年後見人が本人の死亡後にも行うことができる事務（死後事務）の内容およびその手続が明確化され、必要があるときは、次の死後事務を行うことができるとされました。

| | |
|---|---|
| 1 | 個々の相続財産の保存に必要な行為（例：相続財産に属する建物に雨漏りがある場合にこれを修繕する行為） |
| 2 | 弁済期が到来した債務の弁済（例：成年被後見人の医療費、入院費及び公共料金等の支払） |
| 3 | その死体の火葬又は埋葬に関する契約の締結その他相続財産全体の保存に必要な行為（1、2に当たる行為を除く。）(※) |

（※）成年後見人が本人の相続人である場合を除き、3の行為につき、家庭裁判所の許可を得なければなりません。

それでは、相続人の中に成年被後見人がいる場合は、どうなるでしょうか？

## 相続人の中に成年被後見人がいたら、その成年後見人が遺産分割協議を行う？

相続人の中に成年被後見人（本人）がいる場合は、その成年後見人が本人のために遺産分割協議を行います。遺産分割協議は、相続人全員の合意を要しますが、成年被後見人が不利になる内容の遺産分割案では、成年後見人が合意しないでしょう。遺産分割は、原則として、成年被後見人の取得分が法定相続分を下回らないようにすることが求められます。

**専門用語**

| | |
|---|---|
| 法定相続分 | 民法で定めた各相続人の相続する割合 |

## 成年後見人も相続人となる場合、利益相反が起きる!?

成年後見人と成年被後見人との間で、利害が相反する行為については、成年後見人の権限が制限されます。例えば、成年後見人と成年被後見人が共に相続人となる遺産分割協議は、利益相反行為に該当します。

成年後見人は、成年被後見人の利益を確保するために遺産分割協議を行

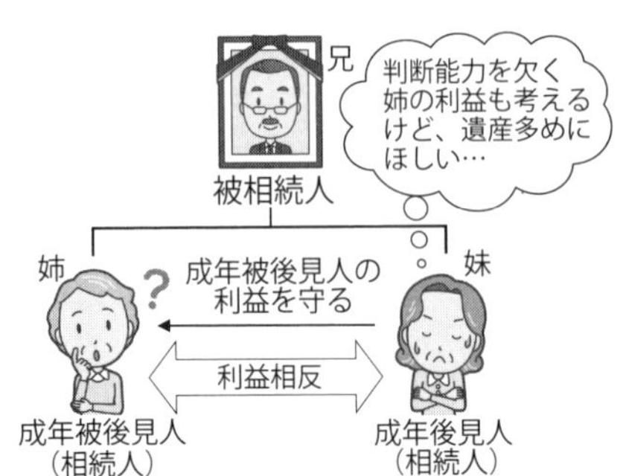


うべきところ、成年後見人も共に相続人となるときは、成年後見人が自己の利益を優先させる可能性があります。

この場合、家庭裁判所に申立てをして、成年後見人とは別に特別代理人を選任してもらう必要があります。選任された特別代理人が成年被後見人のために遺産分割協議を行います。

一方で、家庭裁判所が、成年後見人のほかに、成年後見監督人も選任している場合には、その成年後見監督人が本人のために遺産分割協議を行いますので、特別代理人は不要です。成年後見監督人とは、成年後見人の事務を監督する者のことをいいます。

**参考　相続人の中に成年被後見人がいる場合の遺産分割協議の留意点**

続いて、相続人の中に成年被後見人がいる場合の遺産分割協議について、誤認しやすいと思われる（実務で質問が多い）点を補足します。

居住用不動産の処分をするときに家庭裁判所の許可を要するのは、成年被**後見**人の居住用不動産の処分をするときです。被**相続**人の居住用不動産の処分をするときには、家庭裁判所の許可は求められていません。

加えて、「被相続人」が生前所有していた居住用不動産を遺産分割するとき、その居住用不動産を必ず「成年被後見人」である相続人に取得させなければならないとする決まりもありません。成年被後見人の生活の本拠が介護施設等になっていることもあるからです。

最後に、成年後見人が成年被後見人の法定代理人として遺産分割協議を行う場合、成年被後見人の法定相続分を確保しなければなりませんが、遺産の分け方まで法律で定められているわけではありません。成年後見人から、極端に成年被後見人に有利な分け方を提案されることがあるかもしれませんが、そうすると、他の相続人の利益を害することになり、遺産分割協議がまとまらないこともあります。そうした点にご留意ください。

## 4　成年後見人が不正な使い込みをしたらどうなるの？

ここで、過去の成年後見人による不正件数及び被害総額を示します。

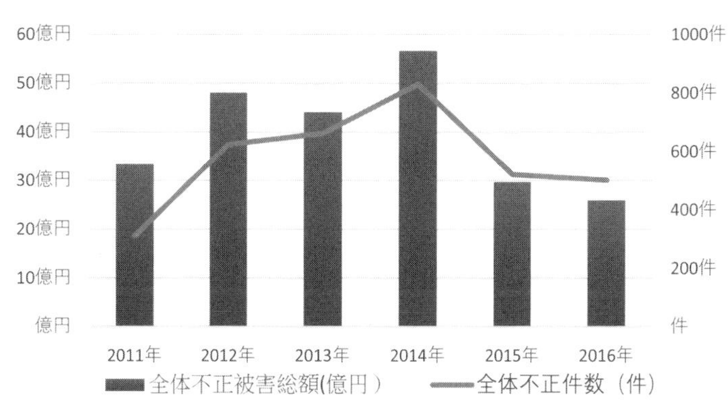


成年後見人に選任された専門家のことを「専門職後見人」といいますが、一部の専門職後見人が、不正事件を起こしてしまっています。

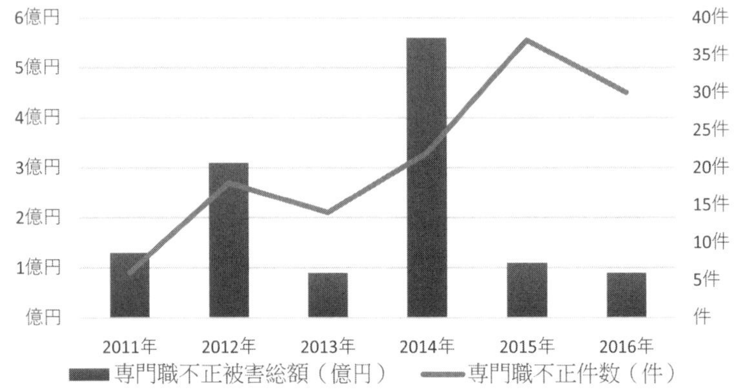


図表は『日本経済新聞』2016・４・14記事「成年後見人、専門職の不正が最多 15年37件」及び2017・３・25記事「成年後見、弁護士ら不正30件 昨年」に掲載されている最高裁調査結果を基に筆者作成。

## 不正のトライアングル理論で分かること

どうして成年後見人による不正事件が起きるのでしょうか？　その原因を探るヒントは、不正のトライアングル理論にあります。1940年代に、米国の組織犯罪研究者であるドナルド・Ｒ・クレッシー氏が提唱した理論です。

この理論では、「不正に関与しようとする動機・プレッシャー」、「不正を実行する機会」、「不正に対する姿勢・正当化」の３つの要因により、不正行為が起こるとしています。実は、公認会計士が行う監査にも取り入れられている理論です。この理論に当てはめると、成年後見人による不正が行われる要因が浮き彫りになります。

機会

（あてはめ）
成年被後見人の預金通帳を預かっているため、容易にお金を引き出すことができる。

動機・プレッシャー

（あてはめ）
後見人にお金を必要とする理由がある。例えば、自分の家を購入したい等。

成年後見人による不正

姿勢・正当化

（あてはめ）
●親族後見人：成年被後見人（親）の預貯金は、相続で自分のものになるのだから、少し使ってもいいだろう。
●専門職後見人：少しの間だけ借りて、あとで入金しておけばいいだろう。

## 成年後見人が不正な使い込みをしたら、どうなるの？

他者の財産を管理していると、いつか自分の財産のように感じてしまうことがあるのでしょうか？　専門職後見人による不正事件がそのことを物語っています。ましてや、身内の財産を管理する場合は尚更、自分の財産のように感じることがあるのでしょう。本人の親族が後見人であるからといって、不正行為が許されるわけではありません。

家庭裁判所や成年後見監督人が、成年後見人を刑事告発することがあります。実際に、成年後見人が逮捕されている事件も存在します。

成年後見人が不正な使い込みをした場合、次のような責任を問われることがあることを押さえておきましょう。

■ 成年後見人を解任される。
■ 損害賠償責任を問われる。
■ 業務上横領の罪で刑事責任を問われる。
■ 背任罪で刑事責任を問われる。

### 親族後見人であっても、逮捕されることがあります。

成年後見人が、成年被後見人の財産を横領する等の不正行為を行うと、業務上横領の罪で逮捕されることがありますが、親族後見人が、成年被後見人である身内の預貯金を着服横領したとして、業務上横領の罪で逮捕された事件もあります。業務上横領の刑事罰は、10年以下の懲役です。

### 背任罪で逮捕されることもあります。

さらに、成年後見人が、背任罪で刑事責任を問われることもあります。

> 刑法第247条（背任）
> 
> 成年後見人も該当する。
> 
> **他人のためにその事務を処理する者**が、自己若しくは第三者の利益を図り又は本人に損害を加える目的で、その任務に背く行為をし、本人に財産上の損害を加えたときは、**５年以下の懲役又は50万円以下の罰金**に処する。

**ここを確認**

☑親族後見人であっても不正な使い込みにより、刑事責任が問われることがあります。

### 家庭裁判所も責任が問われる？

「不正を働く成年後見人を選任したのは誰だ？」財産を横領された成年被後見人またはその家族の怒りの矛先が、不正を働いた成年後見人のみならず、その成年後見人を選任した家庭裁判所に向けられることがあります。

実際に、国（家庭裁判所）が成年被後見人に対し、国家賠償法に基づく損害賠償責任を負って、賠償金の支払いが命じられた事件もあります。家事審判官による後見監督が、国家賠償法に基づく違法と判断される場合は、下表に示すとおり限定的（注７）ですが、成年後見人を選任する家庭裁判所も責任を負っていることを押さえておきましょう。

（注７）職務行為基準説と違法限定説があります。

| 【参考】家事裁判官の後見監督に対する国家賠償法上の違法性の判断<br>（広島高判平成24・２・20判タ1385号141頁（以下：広島高裁判決）） |
|---|
| ●具体的事情の下において、家事審判官に与えられた権限が逸脱されて著しく合理性を欠くと認められる場合に限られるというべきである。 |
| **くわしく** 家事審判官の成年後見人の選任やその後見監督に何らかの不備があったというだけでは足りない。家事審判官が、その選任の際に、成年後見人が被後見人の財産を横領することを認識していたか、又は成年後見人が被後見人の財産を横領することを容易に認識し得たにもかかわらず、その者を成年後見人に選任したとか、成年後見人が横領行為を行っていることを認識していたか、横領行為を行っていることを容易に認識し得たにもかかわらず、更なる被害の発生を防止しなかった場合などに限られるというべきである。 |

上記の表は、広島高裁判決が採用した職務行為基準説を示しています。

**ここを確認**

☑成年後見人が不正な使い込みをした場合、その成年後見人を選任した家庭裁判所が、国家賠償法に基づく損害賠償責任を問われることがあります。

**【先取り】改正会社法が施行されたら、どうなるの？**

令和元年（2019年）12月４日、会社法の一部を改正する法律（令和元年法律第70号）（以下、改正会社法）が成立しました。公布日（同年12月11日）から起算して１年６か月以内の政令で定める日から施行されます。以下で、成年被後見人に関する改正論点を確認します。

## 取締役の欠格条項の削除！

この改正会社法には、取締役等（取締役、監査役、執行役及び清算人）の欠格条項を削除する項目が盛り込まれており、取締役の欠格事由を定めた次の条項は削除されます。

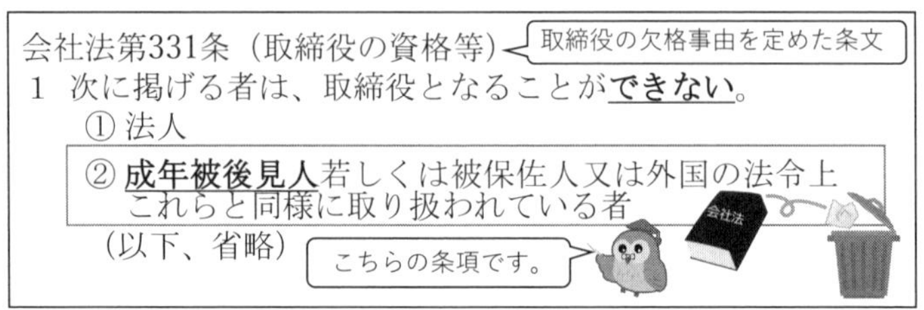
会社法第331条（取締役の資格等）
1 次に掲げる者は、取締役となることが**できない**。
　① 法人
　② **成年被後見人**若しくは被保佐人又は外国の法令上これらと同様に取り扱われている者
　（以下、省略）


実際のところ、この欠格条項が削除されると、社長に成年後見人が付されても、取締役を退任しなくても済むのでしょうか？

## 欠格条項が廃止されたら、取締役の地位は安泰なの？

実は、取締役の欠格条項が削除されても、委任の終了事由に該当し、取締役退任となると解されています。

会社と取締役との関係は、委任に関する規定に従うことになります。つまり、会社と取締役は、委任関係にあるのです。そのことが、会社法の条文に定められていますので、確認してみましょう。

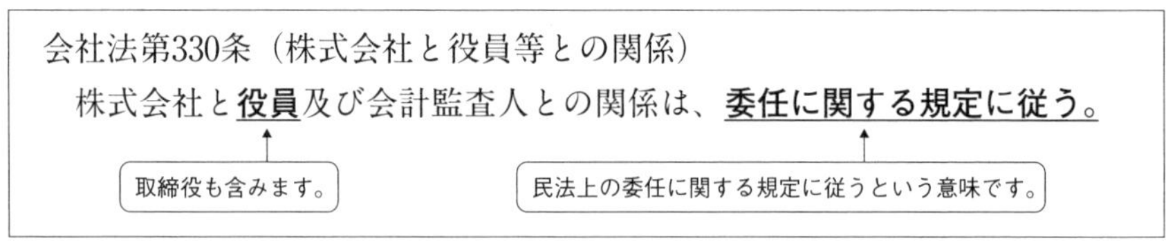
会社法第330条（株式会社と役員等との関係）
株式会社と**役員**及び会計監査人との関係は、**委任に関する規定に従う。**


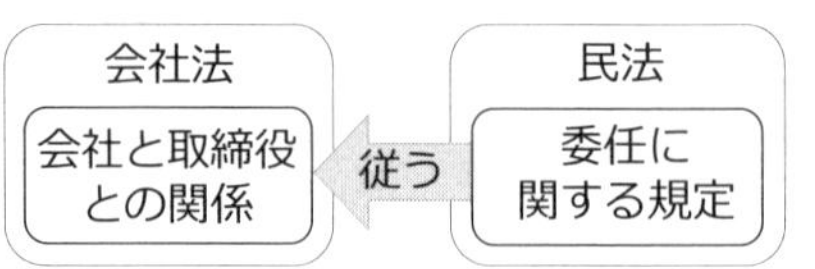


ここでいう役員とは、取締役、会計参与及び監査役のことをいいます。

会社法上、会社と役員との関係は、民法の委任に関する規定に従うとしています。

## 会社と取締役の関係はいつ終了するの？

原則として、取締役に成年後見人が付されると、委任が終了します。民法では委任の終了事由（以下、終任事由）を次のように定めています。

民法第653条（委任の終了事由）
　委任は、次に掲げる事由によって終了する。
1 委任者又は受任者の死亡
2 委任者又は受任者が破産手続開始の決定を受けたこと。
3 受任者が後見開始の審判を受けたこと。

（受任者 → 会社の役員が該当）
（後見開始の審判を受けた → 成年後見人が付されたとき）

会社法の欠格条項が排除されたとしても、「会社法においても、取締役等が後見開始の審判を受けたことが終任事由となるものと解される」（法制審議会会社法制（企業統治等関係）部会第13回会議（平成30年６月20日）部会資料22『取締役等の欠格条項の削除に伴う規律の整備についての検討』３頁）ため、社長に成年後見人が付されたことで、終任事由に該当し、取締役退任となれば、代表取締役の地位も失うことになるでしょう。

## 運用次第では、事実上取締役を継続することもできる!?

改正会社法が施行されると、運用次第では、取締役に成年後見人が付されたとしても、事実上、取締役を継続できるとも考えられます。

例えば、後見開始の審判を受けたことを終了事由としない旨の特約（注８）を付し、取締役を継続できるように運用することや、後見開始の審判を受けた直後に臨時株主総会を開催し（注９）、成年後見人による就任承諾（注10）を経て、成年被後見人を再び取締役に就任させる運用が考えられます。

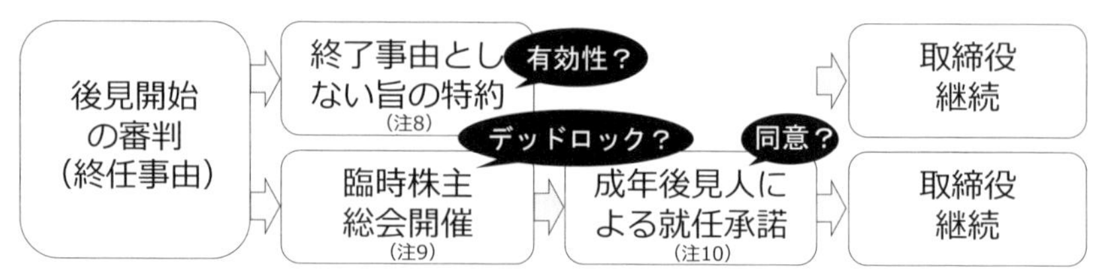


とはいえ、取締役となる者に、判断能力が必要であることに異論はないでしょう。改正会社法施行後は、成年被後見人が取締役等に就任するには、成年後見人は成年被後見人の同意を得た上で、成年被後見人に代わって就任の承諾をしなければなりません。成年後見人が判断能力を失った成年被後見人から同意が得られなければ、成年被後見人が再び取締役に就任することはできません。

（注８）「後見開始の審判を受けたことを委任の終任事由としない旨の特約の有効性に疑問を呈する意見」（法制審議会会社法制（企業統治等関係）部会第13回会議（平成30年６月20日）部会資料 22『取締役等の欠格条項の削除に伴う規律の整備についての検討』３頁）があります。

（注９）成年被後見人が大株主である場合、意思決定ができないデッドロック（後述80頁）に陥る可能性があります。

（注10）改正会社法施行後、成年被後見人がした取締役等への就任承諾、または成年後見人が成年被後見人の同意を得ないでした取締役等への就任承諾は、無効となります。

**整理**　改正会社法の施行により、取締役の欠格条項が撤廃されても、社長に成年後見人が付されると、（いったん）取締役退任となると整理します。

次章以降、法定後見の３類型のうち、最も利用者数の多い成年後見人が付されることを前提に説明していきます。それでは次の章に進みましょう。

# 第2章

# 事業承継の場面で生じる認知症のリスク

国が急務といって支援している事業承継には、認知症リスクが潜んでいます。

「会社を継がせたかった…」
「会社を継ぎたかった…」

社長の認知症リスクを放置すると、こうした事態を招きかねません。しかし，それだけではありません。会社が組織の体を成さなくなる「デッドロック」といわれる状態に陥ることすらあるのです。

本章では、事業承継に潜む認知症リスクとデッドロックの問題を放置した会社の行く末までを確認していきます。

# 1　認知症の影が忍び寄る事業承継の現場

## 1　後継者問題に、高齢化の波が押し寄せる

事業を始めれば、いつか終わりが来ます。日々の業務に追われていますと、事業の終わらせ方について考えることを後回しにしがちです。しかし、とうとう中小企業の後継者問題にも高齢化の波が押し寄せています。

### 2025年までに日本企業全体の約６割の経営者が70歳を超える!?

中小企業庁によると、最も多い経営者の年齢が、2018年には69歳となっており、2025年までに70歳（平均引退年齢）を超える中小企業・個人事業の経営者の数が約245万人（日本企業全体の約６割）になると推測しています。

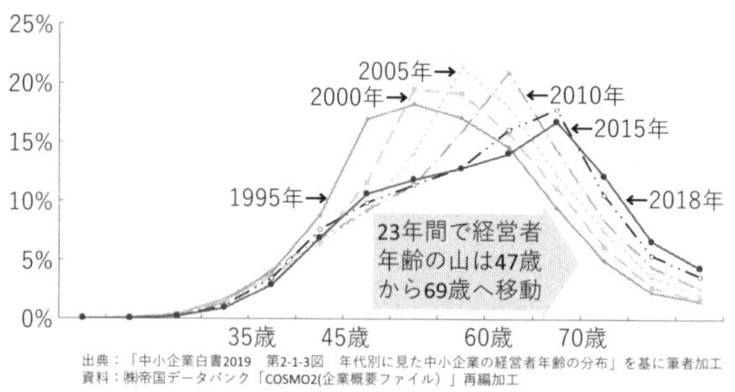

出典：「中小企業白書2019　第2-1-3図　年代別に見た中小企業の経営者年齢の分布」を基に筆者加工
資料：㈱帝国データバンク「COSMO2(企業概要ファイル）」再編加工

先述したとおり、2025年には65歳以上の高齢者のうち、20.6%（５人に１人）が認知症を発症していると推測されています。認知症の経営者には、様々な問題が生じます。国が急務と訴える事業承継の現場には、認知症のリスクが潜んでいるのです。

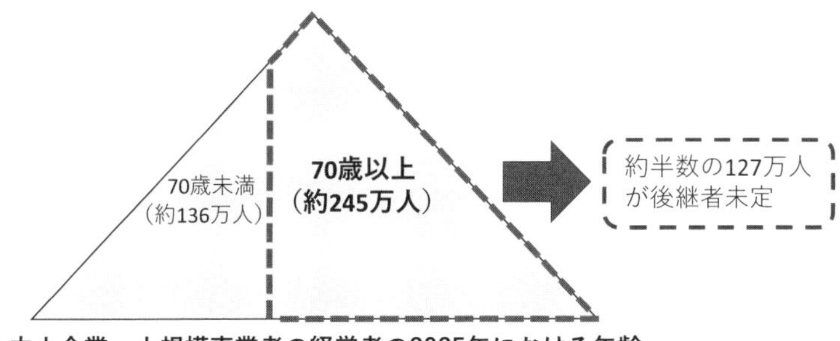


**中小企業・小規模事業者の経営者の2025年における年齢**

出典：中小企業庁「中小企業・小規模事業者におけるM&Aの現状と課題」1頁を基に筆者加工

## 定年退職がなく、後回しにしやすい「終わり」の話

定年退職という制度に無関係な経営者の方も多いと思います。「本人がまだまだできると言っている」こうした声をたくさん聞きます。社長が人生を賭して会社を育ててきたことを知っているご家族または従業員から、社長に引退話を切り出すことが難しい場合もありますよね。

定年退職がないからといって、後継者問題を先延ばしにしてはいけません。認知症から派生する様々な問題は、「急務になった」といって手が差し伸べられたときには、手遅れになっていることが少なくありません。早めに対策することがとても重要です。

永年のご功労に
感謝の意を表します。

## 2　認知症リスクは、すべての事業承継の類型に影響が及ぶ!?

### 子供が継がない!?　継がせたくない!?

「子供が大企業で働いていて継ぐ気がない」「子供に同じ苦労をさせたくない」社長の気持ちはよく分かります。誰に会社を託すかで悩むのは当然です。社長が手塩にかけて育てた会社を嫁入りさせるようなものですから。

まずは、社長の親族の中から会社を託せる適任者を選ぶ方が多いと思います。そして、親族の中に適任者がいなければ、会社の役員・従業員、または社外の第三者など、親族外の第三者の中からお眼鏡にかなう方を探すことになるでしょう。

### 認知症リスクは、事業承継のすべてのパターンに影響を及ぼす

事業承継の類型は、廃業を除き、誰が継ぐかによって、大きく３つに分類されます。親族を後継者とする類型を親族内承継といい、企業内の役員または従業員等を後継者とする類型を企業内承継、そして社外の第三者を後継者とする類型を第三者承継といいます。

社長が高齢になって、認知症のリスクが高まると、そのリスクは、すべての事業承継の類型に重大な影響を及ぼします。

親族内承継

企業内承継
(役員・従業員)

第三者承継
(M&Aなど)

認知症リスク

# 2　生前に事業承継ができなくなる!?

## 1　事業承継に必要不可欠な手続ができない!?

### 事業承継に必要不可欠な2つの法的手続とは？

事業承継に最低限必要となる法的手続は、「代表者の交代」と「株式の承継」の2つです。後継者が事業を継続できるように、様々な経営資源を承継させる必要があるといわれますが、まずは、事業承継に最低限必要なことから押さえましょう。

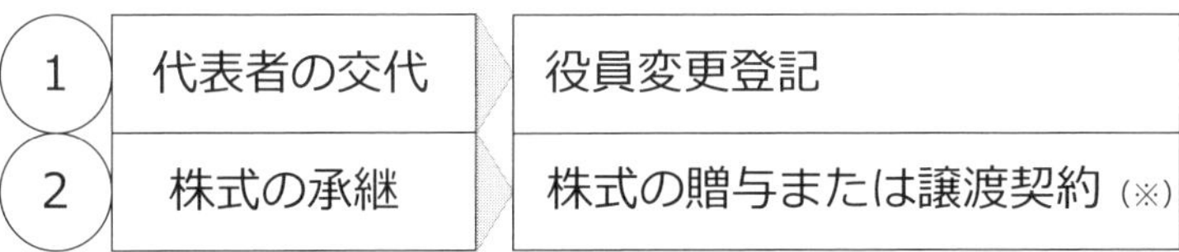

| | | |
|---|---|---|
| 1 | 代表者の交代 | 役員変更登記 |
| 2 | 株式の承継 | 株式の贈与または譲渡契約（※） |

（※）生前に株式を承継させる一般の手続を示しています。

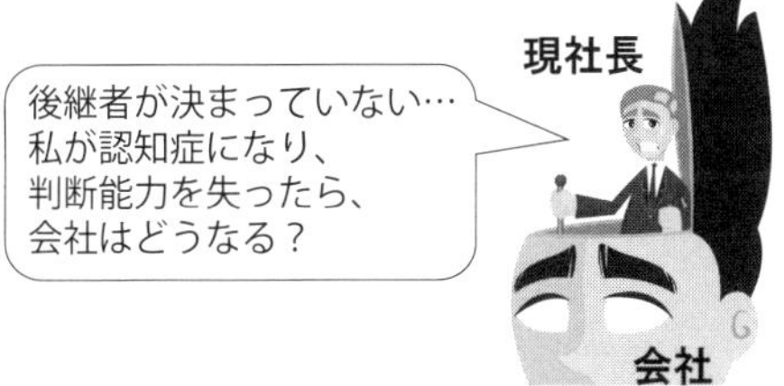


社長が認知症になり、判断能力を失うと、事業承継に必要不可欠なこの2つの法的手続が、ただちにできなくなってしまいます。つまり、認知症のリスクが顕在化すると、事業承継ができなくなる可能性があるのです。

## 事業承継の意義を知ろう

ここで、事業承継の意義を押さえましょう。事業承継とは、後継者に会社の経営者（代表者）の地位と会社の所有者（株主）の地位を引き継ぎ、事業を継続してもらうことをいいます。株式会社は、制度上、所有と経営が分離しています。つまり「所有者と経営者は別にします。経営はプロに任せましょう」という設計になっているのですが、中小企業は、オーナー企業の比率が高い（注11）のです。

（注11）2017年11月時点で、中小企業のうち、オーナー経営企業の占める割合は約72%となっています（出典：2018年度版　中小企業白書（中小企業庁編）85頁）。

## オーナー企業の社長は、所有者と経営者の２つの顔を持つ

オーナー企業の社長は、２つの顔を併せ持っています。経営者（会社の代表者）でもあり、株主（会社の所有者）でもあるのです。株式会社は、制度上、所有と経営が分離していますが、オーナー企業では、実質的に所有と経営が一致しています。

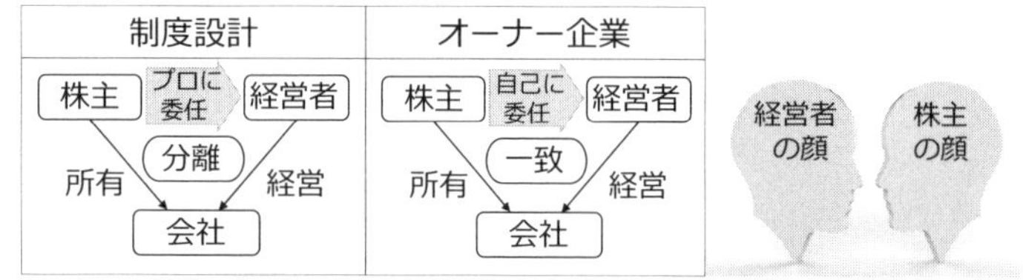


大事なのは、「登記上の代表者を交代しているから、事業承継は済んでいる」と誤認しないことです。事業承継は、経営者を交代するだけでは足りません。会社の実質的な所有者である株主の交代も行う必要があります。

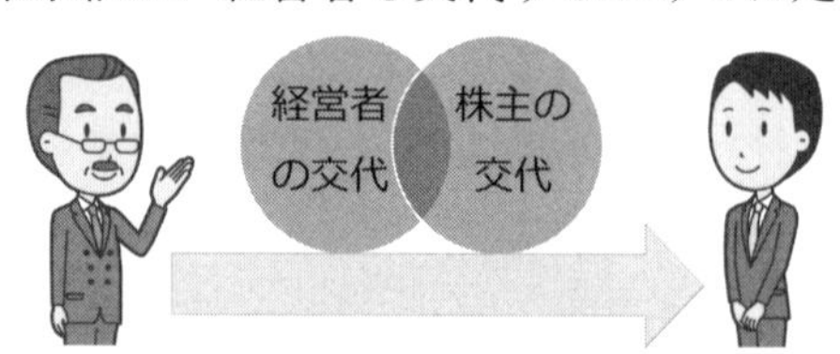

### 必要不可欠な「代表者の交代」ができない!?

はじめに、代表者の交代について確認しましょう。ここでいう代表者の交代とは、登記上の代表者の交代のことをいい、後継者が登記上の代表者になるためには、役員変更登記をする必要があります。下表に示すとおり、認知症のリスクが顕在化すると、辞任による役員変更登記ができなくなってしまいます。

| 認知症の結果 | 顕在化する認知症のリスク<br>原則として不能となること | 事業承継の場面で<br>不能となることの例 |
|---|---|---|
| 判断能力を失う | 本人確認・意思確認 | 辞任等の手続 |
| | 契約（法律行為が無効） | 登記申請の委任契約等 |
| | 株主総会における議決権行使 | 株主総会の決議 |

↓

役員変更登記（代表者の交代）ができない

現代表者である社長の任期満了前に、自らの意思で、代表者の交代をする場合には、現代表者の辞任等の手続を要します。社長が認知症になり、判断能力を欠く状態では、辞任等の手続を行うことができません。

なお、平成27年（2015年）２月27日から改正商業登記規則が施行され、代表取締役等（印鑑提出者）の辞任の登記申請をする場合には、辞任届に以下のいずれかの押印が必要となっています（任期満了による退任のときは、辞任届は不要）。

| | |
|---|---|
| 1 | 個人の実印による押印＋印鑑登録証明書の添付 |
| | or |
| 2 | 登記所届出印（会社実印）の押印 |

代表者印ともいわれる。

## CHECK 本人確認・意思確認ができないとどうなるの？

本人確認・意思確認ができなければ、司法書士等が役員変更登記を受任することができません。判断能力がない社長の法律行為は無効になりますので、変更登記の手続を委任等する契約も、原則として無効です。

日本司法書士会連合会の規定基準により、司法書士は、依頼者等の本人確認及び意思確認をする義務を負っています。弁護士も同様に、日本弁護士連合会が、依頼者の本人特定事項の確認等をする規程を設けています。

## CHECK 任期満了を待つか、解職または解任させることになるの？

代表取締役の任期の定めはありませんが、取締役の任期と同じになるのが通例です。取締役の任期は原則２年[注12]と定められており、現代表者が判断能力を失うと、任期満了まで辞任による代表者の交代ができません。

(注12) 監査等委員会設置会社および指名委員会等設置会社を除く非公開会社（すべての株式に譲渡制限を付している会社）であれば、最長10年まで伸長することができます。

もっとも、取締役会の決議により、代表取締役の地位のみを奪う解職をすることもできますが、後述する議決要件（後述128頁）を満たせず、取締役会決議ができない場合もあり得ます。

また、取締役が各自会社を代表する場合には、解職のみをすることはできず、取締役の地位まで奪う解任をすることになります。代表者の解任をするには、株主総会の普通決議を要しますが、認知症になった現代表者が大株主でもある場合には、株主総会の決議ができない場合があります。

つまり、社長が認知症になり判断能力を失うと、事業承継に必要不可欠な「代表者の交代」がすぐにできなくなるリスクがあるのです。

## COLUMN

### 事業承継の失敗

よかれと思ったことが裏目に出ることもあります。例えば「私文書偽造」です。ある会社の社長が、優秀な従業員を後継者にしたいと思っていました。しかし、事業承継の最終局面にさしかかったところで、白紙に戻ってしまったのです。どうして白紙に戻ったのでしょうか？　後継者候補の従業員が、よかれと思って、現社長の代わりに辞任届を作成し、現社長の印鑑を無断で押印していたのです。こうした私文書偽造は、事業承継の現場でたびたび遭遇します。

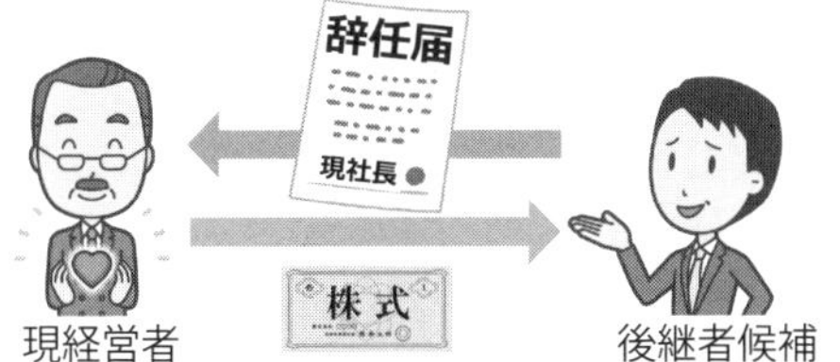


押印済みの辞任届を渡された現社長は、その従業員を後継者にすることをやめました。辞任届に自らの手で記名押印したかったという現社長の気持ちはよく分かります。事業承継の場面で、コト（情緒・道徳）をないがしろにすることはできません。

事業承継の場面では、
ヒト（経営権）の承継
モノ（資産）の承継
だけでなく、
コト（道徳）の承継も
必要です。

### 必要不可欠な「株式の承継」ができない

次は、社長の認知症リスクが、株式の承継に与える影響について確認しましょう。下表に示すとおり、認知症のリスクが顕在化すると、生前に株式の承継、またはその対策ができなくなることがあるからです。

| 認知症の結果 | 原則として不能となること（顕在化する認知症リスク） | 事業承継の場面で不能となることの例 |
|---|---|---|
| 判断能力を失う | 本人確認・意思確認 | 遺言 |
| | 契約<br>（法律行為が無効となる） | 株式の贈与・譲渡契約<br>死因贈与契約<br>信託の契約　等 |

株式の承継ができない

生前に株式を承継させる一般的な承継方法として、生前贈与または譲渡により株式を後継者に承継させる方法があります。

生前贈与により株式を承継させる場合は、贈与契約を締結します。他方、譲渡により株式を承継させる場合は、譲渡契約を締結します。社長が認知症になり、判断能力を失っていると、それらの契約は、原則無効となります。

意思表示ができなければ、遺言や死因贈与（後述93頁）により、死亡を契機に株式を後継者に承継させることも、株式を信託しておくこともできません。

つまり、社長が認知症になり判断能力を失うと、事業承継に最低限必要となる2つの法的手続をただちに行うことができず、事業承継ができなくなる可能性があるのです。

## 株式の承継には、税金の話がついて回る！

株式を承継するとき、後継者に高額な税負担が生じることがあり、事業承継が進まない1つの要因となっています。実は、株式の承継方法によって、かかる税金の種類が変わります。そして、承継時の株価が税金の金額に影響を与えるのです。

上場株式であれば、証券市場ですぐに株価を確認できますが、非上場会社の株式に取引相場はありません。気が付くと、想定外に株価が高くなっていたということもあり得るでしょう。

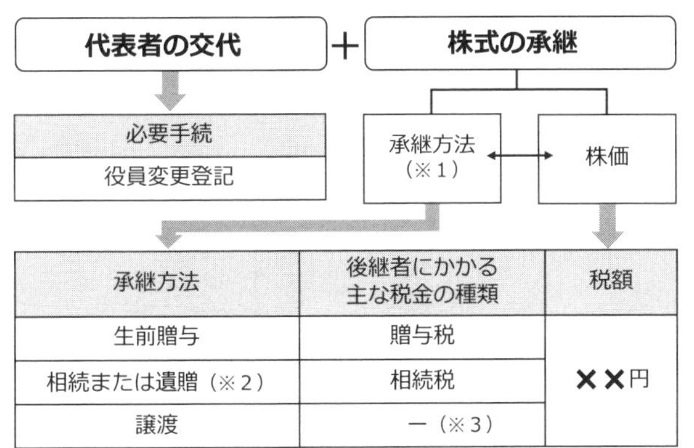


| 承継方法 | 後継者にかかる主な税金の種類 | 税額 |
|---|---|---|
| 生前贈与 | 贈与税 | ××円 |
| 相続または遺贈（※2） | 相続税 | |
| 譲渡 | ー（※3） | |

（※1）個人間の移転を前提とします。（※2）死因贈与を含みます。
（※3）適正な時価による譲渡を前提とします。
著しく低い価額での譲渡は、みなし贈与（後述）に該当し（相続税法7条）、時価とその譲渡価額の差額に対して、贈与税が課税されることがあります。

株式の承継をするときには、税理士等の専門家に相談しましょう。税法上、非上場株式を譲渡したときの時価を定めた明文規定はありません。安易な手続をして高額な税金を負担することがないように気をつけましょう。

**専門用語**

| 遺贈 | 遺言によって自らの財産を無償で他人に与えること |
|---|---|

（内田貴『民法Ⅳ補訂版 親族・相続』482頁（東京大学出版会、2012））

### 【豆知識】株式はどうして重要なの？

事業承継では、後継者に株式を集約させることが基本です。株式には、会社の意思決定に影響力を持つ支配的価値と財産的価値があるからです。

#### 株式を移転すると、株主の地位も移転する！

株式とは、出資者たる株主の地位のことをいいます。株式会社では、不特定多数の者から出資してもらえるように、出資者の地位である株式を細分化し、同一種類の株式は１株１株同じ内容にしています。株式を移転すると、株主の地位も移転します。つまり、株式を多く保有する株主の地位が高くなる仕組みとなっているのです。こうすることで、会社と株主の法律関係が明確になり、会社もその法律関係を処理しやすくなりますね。

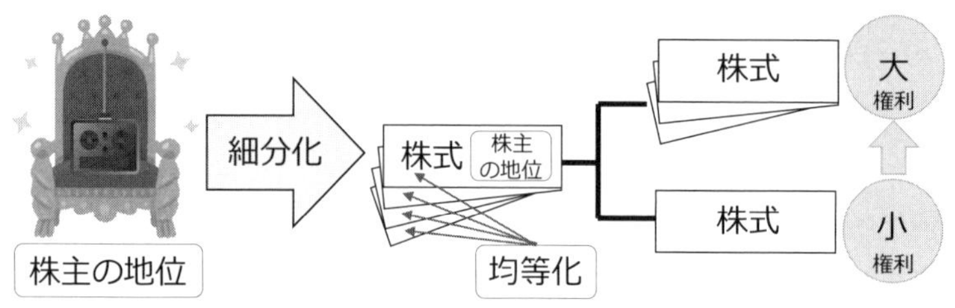


#### １株１票！（１人１票ではありません）

株主総会は、会社の最高意思決定機関といわれます。その株主総会の決議は、多数決で決まります。株主総会の多数決の票は、原則として１株１票です。この票のことを、議決権（株主総会の決議に参加する権利のこと）といいます。

原則として、１株につき１議決権が与えられていますので、株式の保有割合が高いほど、株主総会で意見が通りやすくなります。株主総会の決議をするときに、後継者が単独で意見を通すことができる議決権数を保有していれば、実質的に会社を支配していることになるのです。

## 株式は、会社を操縦するリモコン！

取締役の選任は、株主総会の普通決議（後述82頁）を要します。総議決権数の過半数を保有すれば、株主総会の普通決議を単独で可決することができるため、自分の息がかかった者を取締役にすることができます。後継者は、最低でも総議決権数の過半数を保有することが肝要です（重要な決議事項は、さらに多くの議決権保有割合が必要になります）。

株式は会社を操縦できるリモコンのようなものです。リモコンを操縦できる株主がたくさんいると、いつか争いになるかもしれません。事業承継対策の基本として、できるだけ株式を後継者に集約しておきましょう。

## 会社の価値が株価に反映される！

一方で、株式には、財産的価値もあります。株式を譲渡して換金することもできます。

会社の価値は、株価に反映されます。一般的に、会社の価値が高まると、株価は高くなります。反対に、会社の価値が低下すると、株価は低くなるのです。

ちなみに、株価が低下しても、マイナスになることはありません。株価の下限はゼロです。実務では、株価がゼロのときに、株式の贈与（または、あえて譲渡）をすることがよくあります。

## 2　親族外承継もできない!?

親族に後継者が見つからないこともあるでしょう。その場合は、企業内に後継者を探すか、社外の第三者に承継先を探すことになります。まずは、第三者承継（M&A）から確認していきましょう。

### M&Aとは

M&Aとは、Mergers and Acquisition（合併と買収）を略したものです。

M&Aと聞くと、会社を売買するイメージを持たれる方が多いと思いますが、それだけではありません。事業譲渡のほか、業務提携をM&Aと位置付けることもありますが、本書では、社外の第三者への引継ぎを前提とするM&Aを対象にして、説明を進めていきます。

まずは、中小企業庁が示す「M&Aで用いられる手法」を見てみましょう。

■ M&Aで用いられる手法

| 株式を第三者に譲渡する | 事業全体を譲渡する | 特定の事業を譲渡する |
|---|---|---|
| 株主が譲受け先の会社や個人に変わるのみで、従業員、取引先・金融機関との関係は変化しない。事業承継後も円滑に事業を継続しやすい半面、簿外債務や経営者が認識していない債務等も承継される。 | 個別の資産ではなく、設備、知的財産権、顧客など、事業に必要なものを譲渡する。譲渡資産を特定するので、譲受け先は簿外債務等を承継するリスクが少ない。 | 譲渡の対象資産が選別される。譲受け先を見つけやすい事業・資産を譲渡したり、手元に残したい事業を選別することができ、柔軟性の高いM&Aが可能。ただし、事業全体の承継が完了するわけではない。 |

出典：中小企業庁　事業承継マニュアル　「M&Aで用いられる手法」 42頁

会社を丸ごと譲渡する場合は、全株式を譲渡します。他方、会社の事業を譲渡する場合は、譲渡対象事業に係る資産及び負債を特定して、その資産及び負債を個別に譲渡します。

### M&Aの契約が無効になる可能性がある!?

こうしたM&Aには、契約が伴います。売り手側の社長が認知症になり、判断能力を失って、契約ができなければ、M&Aが成立しません。

| 認知症の結果 | 顕在化する認知症リスク<br>原則できなくなること | M&Aの場面で<br>不能となることの例 |
|---|---|---|
| 判断能力を失う | 契約ができない<br>（法律行為が無効となる） | 株式譲渡契約<br>事業譲渡契約<br>組織再編契約　等 |

仮にM&Aの契約ができたとしても、社長の判断能力が不十分な状態では、不利な条件を呑まされる可能性があります。

身近に後継者が見つからず、会社を売りたい方もいるでしょう。買い手が付かなければ、売れません。売り手と買い手をマッチングする仲介者を選定することになると思いますが、買い手候補が見つかったとしても、買う側としては、安く買いたいと思うものです。そこに必ず交渉が伴います。

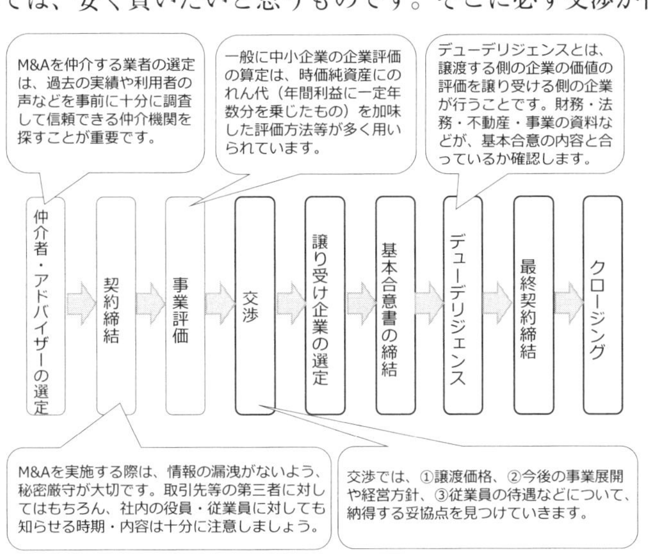


出典：中小企業庁　事業承継マニュアル「M&Aのマッチングに向けた流れ」43頁

### M&Aには、「情報の非対称性」が存在します。

売り手と買い手が保有する情報に差があることを「情報の非対称性がある」といいます。M&Aには、この「情報の非対称性」を埋めながら、有利な条件で取引ができるように交渉していくプロセスがありますが、経済学では、「情報の非対称性」によって、次の問題が引き起こるとされています。

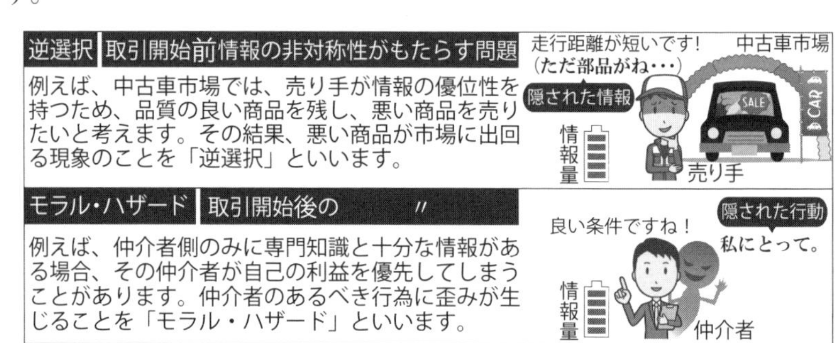


### M&Aでは、売り手側が不利になることも!?

経済学の理論によると、自社情報を十分に保有する売り手側が、有利な条件でM&Aの契約を締結できるはずですが、売り手側にM&Aに関する専門知識がない場合や、M&Aの仲介者が、自己または買い手側の利益を優先するモラル・ハザードを起こしてしまう場合には、情報優位者であるはずの売り手側に不利な条件で契約が成立してしまうこともあるでしょう。

## 社長の判断能力が不十分であると、情報の非対称性が解消しない!?

このような特性があるM&Aの局面において、社長が認知症にかかり、判断能力が不十分な状態であれば、どうなるでしょう？　売り手側の社長だけが知っている会社の秘密があるはずです。

一般に、買い手側が、M&Aの情報の非対称性を埋めていきます。この埋める作業が、デューディリジェンス（Due Diligence、以下DD）です。DDは、買い手側が買収対象企業の価値やリスクを詳細に調査することだと考えてもらうと理解しやすいかもしれません。

## DDに協力できない!?

DDは、ビジネス・財務・法務・会計・税務といった様々な観点から行われます。このDDには、売り手側の社長に質問をして確認する手続があります。売り手側の社長が認知症になり、判断能力が不十分な状態であれば、買い手側から質問を受けても、適切な回答をすることができません。買い手側が、DDにより、情報の非対称性を埋めることができないため、ブレイク（契約前に破談となること）する要因になり得るでしょう。

## 株式を集約できない!?

株式譲渡によるM&Aでは、一般に、売り手側で分散している株式を集約してから、株式譲渡契約を締結することになります。もし、株主の中に、認知症を発症し、判断能力を失った株主がいる場合には、株式の譲渡契約が無効となり、売り手側で株式を集約することができない可能性があります。全ての株式を譲渡することができないのであれば、ブレイクする要因になり得ます。最終的に契約を締結するにしても、売り手側に不利な条件が提示されることがあるでしょう。

### 表明保証はどうなる？

DDは短い期間で行われることが多く、売り手と買い手の情報格差が完全に埋まるとは限りません。そのため、M&Aの契約では、表明保証条項を定めることが一般的です。表明保証条項とは、「最終契約の当事者が、相手方当事者に対して、一定の事項について真実かつ正確であることを表明し、保証する規定」（柴田堅太郎『中小企業買収の法務』24頁（中央経済社、2018））のことをいいます。この条項の内容についても交渉します。

売り手側の社長が、認知症になり、判断能力が不十分な状態では、その社長しか知り得ない会社の情報を買い手側で確認することができない可能性があります。その場合には、表明保証条項に様々な内容が盛り込まれて、売り手側が不利な立場になることも考えられます。

表明保証条項は、わずかな表記の違いによって、負担するリスクが変わります。交渉の末、売り手側に不利な条件で、表明保証条項が定められてしまうと、契約後に思わぬ損害賠償責任を負う羽目に合います。専門家が関与するとは思いますが、判断能力が不十分な社長に、適切なリスク管理を期待することはできないでしょう。

## 企業内（役員・従業員）承継

次は、企業内の役員・従業員を後継者とする企業内承継について、見ていきましょう。企業内承継で検討すべきは、次の３つです。

1. 株式も承継するの？
2. 人離れリスクは考慮したの？
3. 個人保証は外れるの？

後継者候補の従業員等に、代表者の地位のみ承継させるか、株主の地位も承継させるか検討しなければなりません。加えて、社長が会社の債務を個人保証していることが多いと思います。その個人保証を外せるか確認することが肝要です。

### ① 株式も承継するの？

後継者に選ばれた従業員等は、自らの手腕で会社の業績が上向くと、株式も譲ってほしいと思うかもしれません。親族外の従業員等に株式を承継する場合、株式を贈与することはせずに譲渡することが多いと思います。いずれにせよ、社長が認知症になり、判断能力を失うと、贈与契約も譲渡契約も無効です。特別の事情がない限り、後継者になった親族外の従業員に相続権はないため、相続により株式を承継することはできないのです。

### ② 人離れリスクを考慮したの？

このとき、先述した人離れリスク（40頁）が顕在化する可能性があります。経営のノウハウが分かり、欲が出てきた後継者が、自分で別会社を作り、同じ事業を行いたいと思うかもしれません。

### ③ 個人保証は外れるの？

会社が金融機関等の第三者から借入をしたときに、社長やその親族が連帯保証人となっていることがあります。

親族外承継をしたときに、それらの連帯保証が外れていなければ、会社を手放したあとに、思わぬ連帯保証債務を負うリスクがあるので、注意しましょう。後継者候補の従業員等が個人保証を引き継ぐか否かについても、金融機関および後継者候補に確認する必要があります（後述120頁）。

## 事業承継の出口は、相続の入り口!?

事業承継の出口は、相続の入り口でもあります。つまり、事業承継の問題が片付いても、相続の問題が残っているのです。

例えば、第三者承継（M&A）を行うと、株式や事業用資産等が、現預金に変わります。売り手側の社長が死亡し、相続が発生したときには、その現預金が相続財産となり、相続税が課されます。

相続人は、原則として現預金や不動産といったプラスの遺産だけでなく、借入金や未払金といったマイナスの遺産も相続することになります。

また、親族外承継をしたときに、社長の個人保証（連帯保証債務）が外れていないと、社長がお亡くなりになったとき、相続人が社長の連帯保証債務を相続することがあります。このことを、記憶に留めておきましょう。

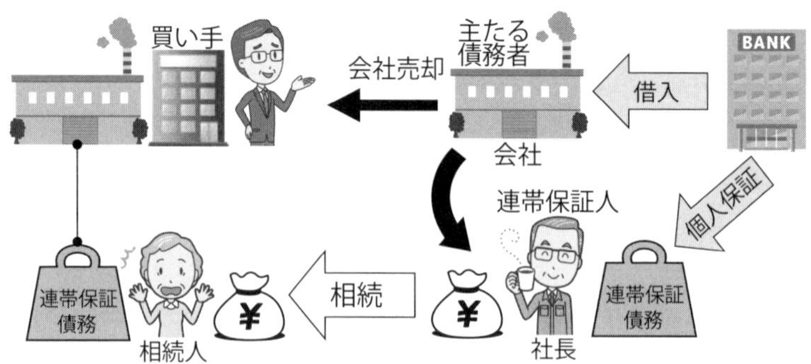

## 小　括　（第２章１から２まで）

☑社長が認知症になり、判断能力を失うと、事業承継に必要不可欠な2つの法的手続（代表者の交代と株式の承継）ができないことがあります。

☑社長が認知症になり、判断能力を失うと、株式譲渡の手法以外のM&Aであっても、交渉ができない、契約ができない等の理由により、M&Aが成立しないことがあります。

☑社長が認知症になり、判断能力を失うと、すべての事業承継の類型において、生前に事業承継ができなくなる可能性があります。

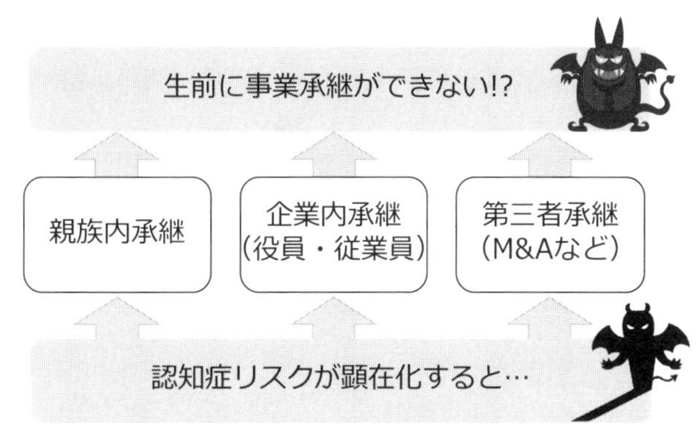


☑事業承継が終わっても、相続の問題は残ります。

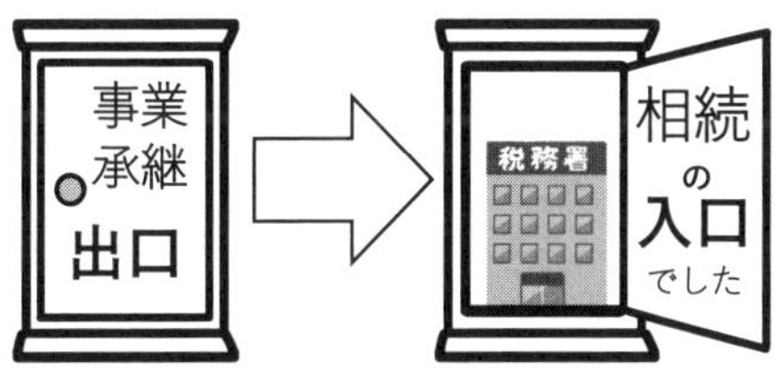


参考）日本税理士会連合会が中小企業の後継者探しを支援するためのマッチングサイト「担い手探しナビ」を開設しています。顧問税理士に聞いてみましょう。

# 3 緊急事態発生！ 会社がデッドロック……

## 1 ギブアップ!? 会社がデッドロックに陥る

社長の認知症リスクが会社に及ぼす影響について…まだ続きがあります。

会社の株主構成、役員構成等によっては、社長の認知症が進行し、判断能力を失うと、会社の意思決定ができない「デッドロック」といわれる状態に陥る可能性があります。この状態に陥ると、会社は身動きが取れなくなってしまいます。

デッドロックです。
苦しい・・
ヘッドロック

### 認知症問題が引き起こす、デッドロックとは？

デッドロック（Deadlock）とは、膠着（こうちゃく）状態を意味します。大株主である社長が認知症になり、判断能力を失うと、株主総会の決議ができない膠着状態（以下、デッドロック）に陥ることがあるのです。

この状態では、会社の基本的事項について、意思決定ができません。本来的には、定時株主総会で計算書類を承認することすらできません。会社は、事実上の休眠状態となってしまうでしょう。

### 株主総会の決議ができなくなるのは、雨の日の選挙と同じ理由？

株主が認知症になり、判断能力を失うと、どうして株主総会の決議ができなくなるのでしょうか？

株主総会の決議には、表決数と定足数が定められています。表決数とは、決議が可決する賛成数のことをいいます。大株主である社長が判断能力を失うと、株主総会における議決権の行使ができません。これでは、株主総会の決議で必要となる表決数を満たせない可能性があります。

一方、定足数とは、決議が成立する出席者数のことをいいます。ここで、選挙を例えにして、定足数について考えてみましょう。選挙の日に雨が降っていて、選挙に行かない人がたくさんいたら、どうなるでしょうか？

一定の投票数が確保できなければ、選挙は成立しません。法律で、選挙が成立する最低投票数（法定得票数という）が決められているからです。株主総会の決議も同じことがいえます。

### 株主総会の決議をするときに、出席者数は足りている？

株主総会は、会社の基本的な方針や重要な事項を決定する機関です。株主総会の決議は、原則として、議決権を基に多数決で決められています。

つまり、決議事項の重要性が高くなるにつれ、多くの議決権数が必要となる仕組みとなっているのです。ごく一部の出席者による株主総会の決議は、株主全体の意見を反映したとはいえません。そのため、株主総会の決議には定足数が定められています。

## 役員の選解任決議は、定足数の下限に注意！

株主総会における決議要件別の定足数および表決数を下表に示します。

| 決議要件 | 定足数 | 定足数の変更可否 | 表決数（議決要件） |
| --- | --- | --- | --- |
| 普通決議 | 議決権を行使できる株主の議決権の過半数を有する株主の出席 | 定款の定めで変更可<br>決議により下限あり | 出席した株主の<br>議決権の過半数 |
| 特別決議 | | 定款の定めで変更可<br>但し1/3以上とする | 出席した株主の<br>議決権の2/3以上 |

| 決議要件 | 定足数 | 表決数 | |
| --- | --- | --- | --- |
| | | 頭数要件 | 議決要件 |
| 特殊決議 | なし | 議決権を行使できる<br>株主の半数以上 かつ | 当該株主の議決権の<br>2/3以上 |
| | | 総株主の半数以上 かつ | 総株主の議決権の<br>3/4以上 |

定款の定めにより、定足数を変更することもできますが、会社の役員（取締役、会計参与、及び監査役）の選解任決議の定足数は、３分の１までしか下げることができません。

定足数または表決数に満たないまま行った株主総会の決議は、決議方法に欠陥があると言わざるを得ません。この欠陥のことを瑕疵（かし）といいます。株主総会の決議方法に瑕疵がある場合、その決議方法は、法令または定款に違反していることになります。

**専門用語**

| | |
| --- | --- |
| 定款 | 実質的には会社の組織・活動の根本規則を意味し、形式的にはその規則を記載または記録した書面または電磁的記録を意味する。 |

（青竹正一『新会社法〔第４版〕』59頁（信山社、2015））

## 2　株主総会の決議に瑕疵（欠陥）があったら、どうなるの？

株主総会の決議は、社内外を問わず、利害関係者に影響を与えます。株主総会の手続や内容に瑕疵（欠陥）がある場合に、無制限に無効の主張を認めると、会社の事業運営上、支障をきたすでしょう。

### 株主総会の決議に関する訴え

そこで、会社法は、株主総会の決議に瑕疵がある場合でも、その瑕疵の程度が小さいときには、決議の無効主張を制限する設計をしています。

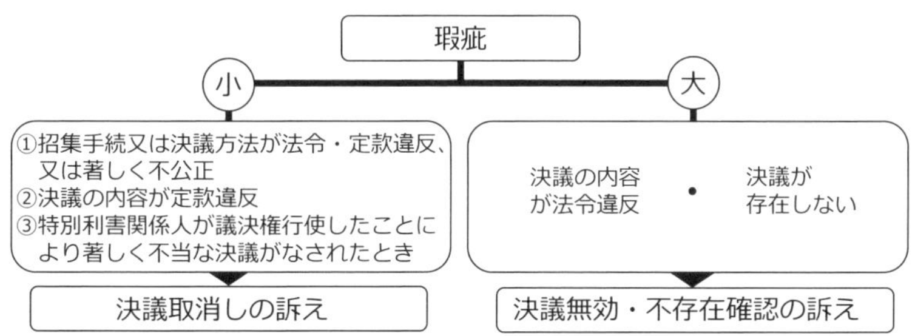


決議の瑕疵の程度が小さい場合、訴えを提起しなければ、株主総会決議の無効主張ができません。その一方で、決議の瑕疵の程度が大きい場合は、訴えによらなくても、無効の主張をすることができます。

決議の瑕疵が大きく、当然に無効となる場合に、なぜ訴えを提起するかというと、判決が確定することにより、その判決の効力が原告と被告（会社）以外の第三者にも及ぶことになるからです。

| | 取消しの訴え | 無効不存在確認の訴え |
|---|---|---|
| 瑕疵の主張方法 | 提訴しなければ、瑕疵を主張することができない。 | 訴えによらなくても、瑕疵を主張することができる。 |
| 無効の性質 | 取消判決の確定によって、決議時点に遡って無効（遡及効）となる（形成訴訟）。 | はじめから無効であることが確認される（確認訴訟）。 |
| 提訴期間 | 決議の日から３か月以内 | 制限なし（いつでも可） |
| 提訴権者 | 株主・取締役・監査役・執行役・清算人のみ | 制限なし（誰でも可） |
| 判決の効力 | 第三者にも判決の効力が及ぶ（対世的効力） | |

### 瑕疵が小さい場合は、治癒されることも！

株主総会の決議の瑕疵が小さい場合には、裁判所の裁量により、訴えの請求を棄却することがあります。この裁量棄却の要件は、違反する事実が重大ではなく、かつ、決議に影響を及ぼさないことです（会社法831条２項）。

瑕疵　小

↓

① 瑕疵が重大でない
かつ
② 瑕疵が決議に影響を及ぼさない

①と②の両方を満たす必要があります。

↓

裁量棄却
瑕疵が治癒される

### 株主が判断能力を失うと、取締役会決議も無効となることが！

株主が認知症になり、判断能力を失うと、株主総会の決議が無効になるリスクがあるだけでなく、場合によっては、取締役会の決議まで無効になるリスクがあります。つまり、会社の基本的事項だけでなく、取締役会で決議する重要な業務執行の決定までもができなくなる可能性があるのです。

■ 株主が判断能力を欠く状態

1 招集通知を受け取れない(※1)
2 議決権行使ができない(※2)
3 無権代理による議決権行使(※3)
→ 株主総会の決議に瑕疵 → 株主総会の決議が無効となるリスク → 取締役会の決議も無効となるリスク

（※１）（招集通知が受領できない）定足数の不足→株主総会の決議方法が法令または定款違反（＊）→取消しの訴え
（※２）（大株主が議決権行使できない）定足数・表決数の不足→※１（＊）と同じ→取消しの訴え
（大株主が議決権行使できない）一部の株主による決議→決議が不存在→決議不存在確認の訴え（裁判例：最二小判昭和33・10・３民集12巻14号3053頁）
（※３）（代理権の授与ができない）無権代理による議決権行使→※１（＊）と同じ→取消しの訴え

取締役会は、株主総会で選任された取締役が出席して決議を行います。無効な株主総会決議に基づいて選任された取締役には、本来取締役の資格がありません。取締役の資格がない者が出席して取締役会の決議が行われていた場合には、その取締役会決議も無効となるおそれがあります。

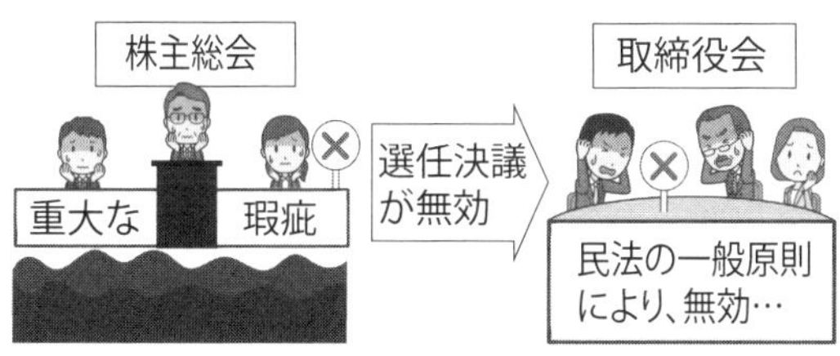

## 3　デッドロックの行く末

株主の認知症リスクから引き起こされるデッドロックを放置するとどうなるでしょう？　再び、相続の入り口が開きます。

### デッドロックから解放されたと思ったら、株式が分散した!?

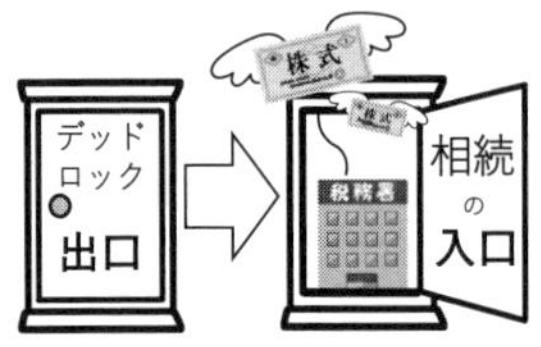


株主の判断能力喪失が原因となって、デッドロックに陥った会社は、デッドロックから解放されたときに、株式が分散してしまうことがあります。

### 相続による株式の取得は、譲渡制限の対象外！

株主が死亡し、相続が発生すると、その株主の財産に属した一切の権利義務を相続人が承継します。この承継方法を一般承継（包括承継ともいいます）といい、承継する財産には、株式も含まれます。

多くの中小企業は、会社にとって望ましくない者に株式を保有されないようにするため、定款に定めて、株式に譲渡制限を付しています。この譲渡制限株式を譲渡により取得するには、会社の承認を必要としますが、相続による株式の取得は、この譲渡制限の対象外です。

つまり、相続が発生するたびに、株式（株主）の分散が生じる可能性があるのです。関係が希薄化した株主が反対株主になることも考えられます。

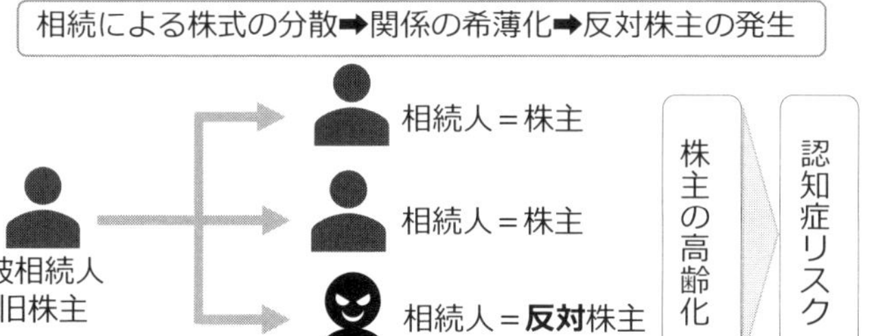


株式が分散すると、後継者に株式を集約させるための資金が必要になります。他の株主から譲渡等により株式を取得する場合、価格面で折り合いがつかなければ、裁判で解決するか、裁判外で和解した価格で買い取ることになるでしょう。会社の経営方針に異を唱える反対株主が、株主としての権利を会社に行使してくることも考えられます。

### デッドロックから解放⇒相続による株式の分散が生じる!?

相続による株式の分散対策については、125頁にて後述しますが、株主が認知症になり、判断能力を失うと、自ら株主総会における議決権を行使することができません。その株主が死亡して、相続が発生すると、デッドロックからは解放されますが、今度は、相続による株式の分散の問題に直面することになるのです。

## COLUMN

### 事業承継は突然に

繁忙期の朝、義父に突然呼ばれました。事務所の応接室に入った瞬間、ただならぬ雰囲気にすぐに何か起こったのだと察知しました。

「急遽、手術をすることになった。もう仕事はできないかもしれない」

そういった義父は、寂し気ながら、どこか諦めがついたような形容し難い表情をしていました。義父は、私から少し視線をそらしました。視線の先には、壁にかけられた義父の税理士試験の合格証書がありました。

「この仕事をして、48年が経ったか…」

当面の対応策を話し合った後、私はお客様のところに車で向かいました。車中、一人になって、義父の気持ちを考えると、胸にぐっとくるものがありました。同じ職業人として、年月の重みが分かります。

そして、私もいつか終わり方を探すときがくるのでしょう。

義父は、毎年の社員旅行を欠席したことがありませんでした。

「はじめて、社員旅行を欠席します」義父からその言葉を聞いた職員さんたちは、既に予約していた旅行をキャンセルしました。「所長が行けるときに、行きましょう」そう言って、別の日程に変更しました。

経営者の引き際の難しさを、義父から学びました。事業承継は突然にやってくることがあります。終わり方を考えておくことが大切なのですね。

小　括（第２章３）

☑大株主である社長の認知症リスクを放置すると、株主総会の決議ができないデッドロックに陥る場合があります。

☑株主が認知症になり、判断能力を失うと、株主総会の決議が無効になるリスクがあるだけでなく、場合によっては、取締役会の決議まで無効になるリスクがあります。

☑株主の死亡により、会社がデッドロックから解放されたとき、相続による株式の分散という問題が発生します。株式を承継した相続人が高齢である場合には、またデッドロックに陥る可能性があり、デッドロックに陥り続ける負のスパイラルが生じることも考えられます。

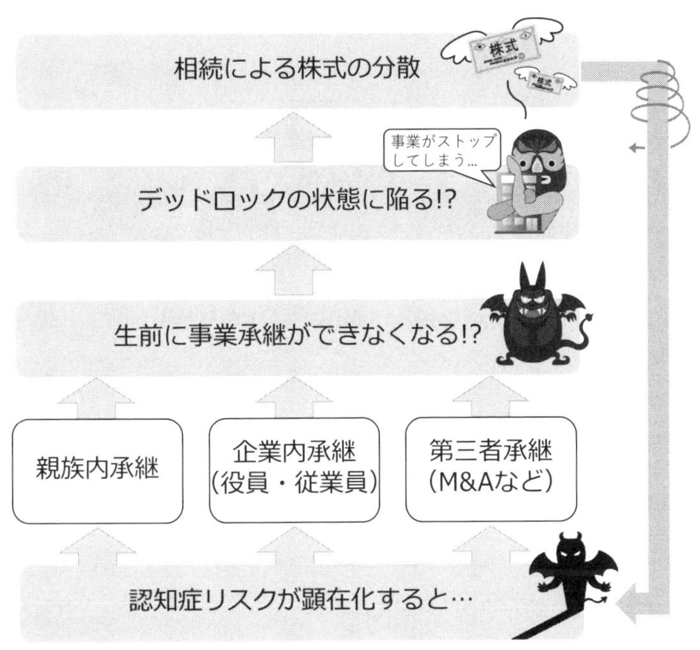

３章に入る前に、贈与税と相続税について、少し確認しておきましょう。

## よくある質問「贈与税？ 相続税？」

### 相続税と贈与税って誰にかかるの？

贈与税と相続税は、基本的に、個人から個人に、財産を無償で移転したときにかかる税金です。

贈与税は、相続税の補完税といわれます。生前に財産を無償で移転して相続税逃れをしていないか、贈与税が見張っています。

非課税枠を超えて、生前に財産を贈与すると、贈与を受けた人（受贈者）に贈与税の負担が生じます。一方で、生前に贈与したはずの財産が、相続財産に含められて相続税が課されることもありますので、注意が必要です。

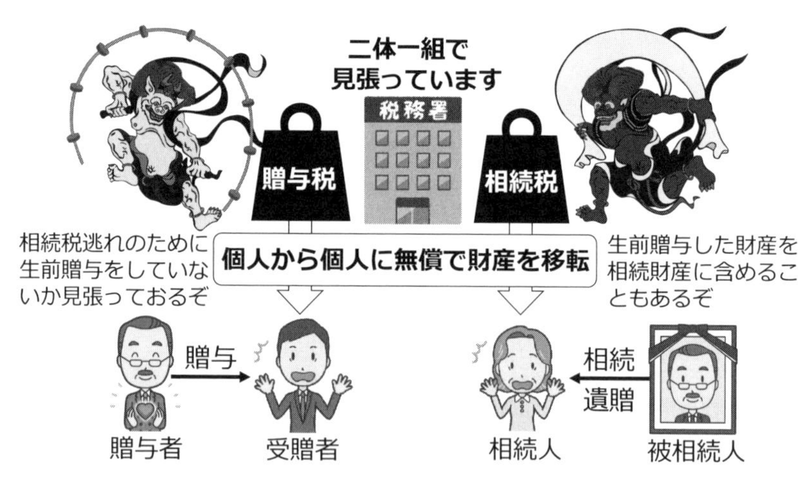


### 民法の贈与が成立する３つの要素！

民法では、贈与する側（贈与者）が「無償であげます」と意思表示をして、もらう側（受贈者）が「もらいます」という意思表示をすることで、贈与が成立すると定めています。つまり、「無償で」「あげます」「もらいます」の３つの要素がそろわないと、贈与は成立しないということです。民法の条文でその３つの要素を確認しておきましょう。

民法第549条（贈与）　①無償で　②あげます

贈与は、当事者の一方がある財産を**無償で**相手方に**与える意思を表示**し、相手方が**受諾をする**ことによって、その効力を生ずる。

③もらいます　税務調査で確認されることがあります！

※ 改正民法条文（2020年4月1日施行）「自己の財産」から「ある財産」に文言変更

## 民法では贈与にあたらなくても、税法で贈与とみなされる!?

他方、税法では、民法で規定された贈与に該当しないのに、贈与とみなすことがあります。これを、みなし贈与といいます。つまり、民法で規定された贈与の効力発生要件である「無償で」「あげます」「もらいます」をすべて満たしていなくても、税法では、実態に即して、贈与とみなすことがあるのです。

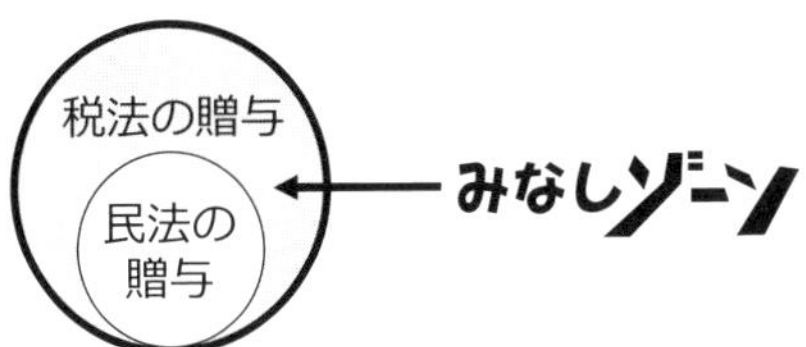


例えば、株式を譲渡したとしても、著しく低い金額で譲渡した場合には、贈与とみなされて贈与税がかかることがあります。

## 贈与税の課税方法は、２つ！

贈与税の課税方法を少し確認しましょう。暦年課税と相続時精算課税の２つの課税方法があります。この２つの課税方法は、受贈者が贈与者ごとに選択することができます。ただし、相続時精算課税は、一定要件を満たす場合に選択できる課税方法です。原則は、暦年課税です。

【暦年課税】原則

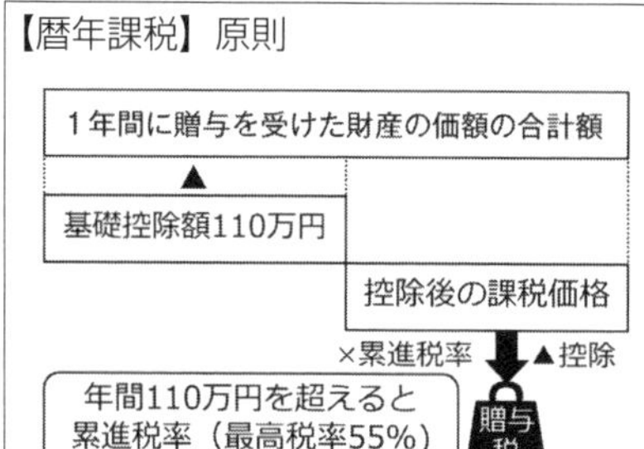


■暦年課税の適用対象者の要件：なし

相続開始前３年以内を除き、贈与した財産は相続財産と切り離されるため、毎年、年間110万円の基礎控除（非課税枠）を利用して、地道に贈与していくと、塵も積もれば山となり、効果的な節税対策になることがあります。

【相続時精算課税】選択制

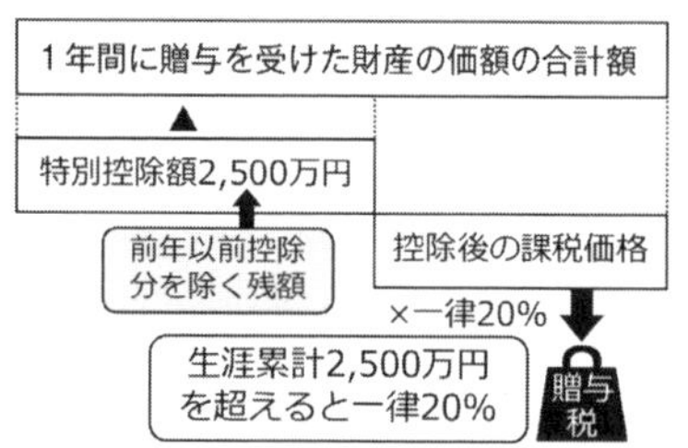


相続時精算課税制度を選択した年度以降、同じ贈与者からの贈与については、暦年課税に変更することはできません。年間110万円の基礎控除（非課税枠）は利用できなくなりますので、注意しましょう。

■相続時精算課税の適用対象者の主な要件

| | |
|---|---|
| 贈与者 | 60歳以上[※1]の直系尊属（父母または祖父母等） |
| 受贈者 | 贈与者の直系卑属（子または孫等）である推定相続人[※2]及び孫のうち、20歳[※1, 3]以上の者 |

（※１）贈与を受けた年の１月１日時点の満年齢
（※２）相続が開始した場合に相続人となるべき者のこと
（※３）2022年（令和４年）４月１日以降は、18歳以上

相続時精算課税の適用を受けた贈与財産は、その贈与者の死亡時に、相続財産に加算されるため、課税の繰り延べにすぎないといわれることがあります（利用：99頁参照）。

## 贈与のつもりが、相続税が課される!?

相続税が課される贈与があることも押さえておきましょう。本書では以下の贈与をご紹介します。

| 種　類 | 内　容 |
|---|---|
| 相続開始前３年以内の贈与 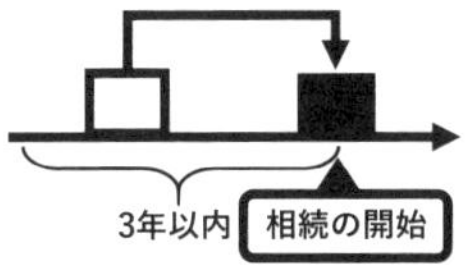 | 相続開始前３年以内に、被相続人から贈与を受けた財産は、贈与を受けたときの価額で、相続税の課税価格に加算されます。ただし、相続または遺贈により、財産を取得した者が対象となります。孫への贈与は、特例の事情がない限り、対象にはなりません。 |
| 相続時精算課税 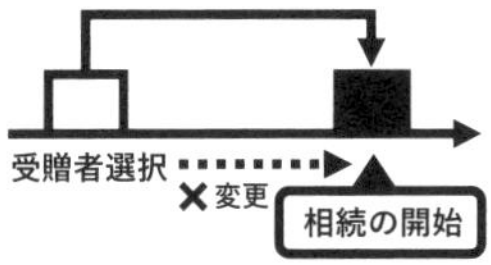 | 相続時精算課税を選択して、被相続人から贈与を受けた財産は、贈与を受けたときの価額で、相続税の課税価格に加算されます。 |
| 死因贈与  | 死因贈与とは、贈与者の死亡によって効力が生ずる一種の停止条件付贈与（潮見佳男編『新注釈民法（19）相続(1)604頁』（有斐閣、2019））です。死因贈与により取得した財産には、相続税が課されます。 |
| 贈与税の納税猶予制度 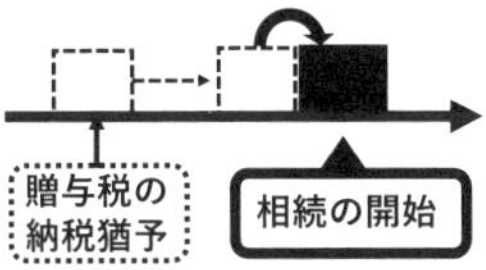 | 「非上場株式等についての贈与税の納税猶予及び免除」の適用を受けた非上場株式等は、その贈与者が死亡したときに、相続または遺贈により取得したものとみなされ、相続税が課されます。このとき、相続税の納税猶予制度に切り替えることもできます（108頁参照）。 |

## 口頭でも贈与は成立しますが……

書面を交わさずとも、口頭によって贈与は成立します。しかし、口頭による贈与は、録音でもしない限り、証拠が残りません。これが争いのもとです。「言った、言わない」の水掛け論に発展する可能性があります。

さらに、口頭による贈与は、既に履行した部分を除き、いつでも解除（撤回）することができます。そのことが条文に明記されています。

民法第550条（書面によらない贈与の解除）

書面によらない贈与は、各当事者が**解除することができる**。ただし、履行の終わった部分については、この限りでない。

（注）改正民法条文（2020年4月1日施行）「撤回」から「解除」に文言変更

## 贈与による財産の取得時期

贈与による財産の取得時期は、下表に示すとおり、書面による贈与と口頭による贈与で異なります。特に、暦年課税の非課税枠を利用して贈与するときには、注意しましょう。

| | 贈与による財産取得の時期（※1） |
|---|---|
| 書面による贈与 | その契約の効力の発生した時（※2） |
| 口頭による贈与 | その**履行**（※3）の時 |

（※１）相続税基本通達１の３・１の４共－８
（※２）契約書の締結日
（※３）例えば、金銭を贈与する場合には、金銭を引き渡したとき

ここまで、事業承継の場面で生じる認知症のリスクを確認してきました。

次の章では、そうしたリスクを踏まえた、これからの事業承継対策について、見ていきましょう。

# 第3章

# これからの事業承継対策は、3D対応で！

事業承継には、締切りがありませんので、日常業務に追われていると、どうしても後回しになってしまいます。それでも、中小企業の経営者の平均年齢が高くなっている今、認知症のリスクを考慮しなければなりません。会社がデッドロックに陥ると、事業承継だけでなく、事業そのものに重大な影響を及ぼします。社長についてきた従業員さんの悲しむ顔が目に浮かびませんか？

本章では、一歩進んで、認知症リスクを踏まえた事業承継対策を提案します。

「これからの事業承継対策は、3D対応で！」

# 1　事業承継を成功に導く「3つのD」

## 1　3つのDとは？

いつまでに事業承継の対策をしなければならないという決まりはありません。だからこそ、気付いたら手遅れになっていたということが起きるのです。中小企業の経営者の高齢化が進む昨今、対策を立てるときに、意識すべき３つの視点があります。

### 対策の視点は３つのD

これからの事業承継対策は、デッドライン（Deadline）、デッド（Dead）、デッドロック（Deadlock）の３つのDを意識して、対策を打ちましょう。

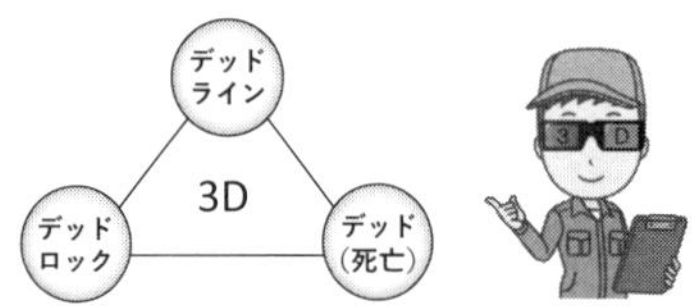


いつまでに対策をするという期限（デッドライン）を設定することが最も大切なことです。

花粉症でお悩みの方であれば、花粉症の到来シーズンまでに対策をしたいと考えて、お医者さんにかかりますね？　それと同じことです。

デッドラインは、社長や会社の状況等によって設定することが前提となります。本書では、第１章でご紹介した2025年に65歳以上の高齢者のうち、５人に１人が認知症を発症しているという推計を基に、デッドラインを65歳に設定して、説明を進めていきます。65歳というと、老齢基礎年金がもらえるようにもなります。そのことをきっかけにして、社長に引退に向けた対策を提案するのも１つの手でしょう。

### ３Ｄ対応の事業承継対策の全体像

まずは、３つのＤを意識した対策の全体像を確認しましょう。

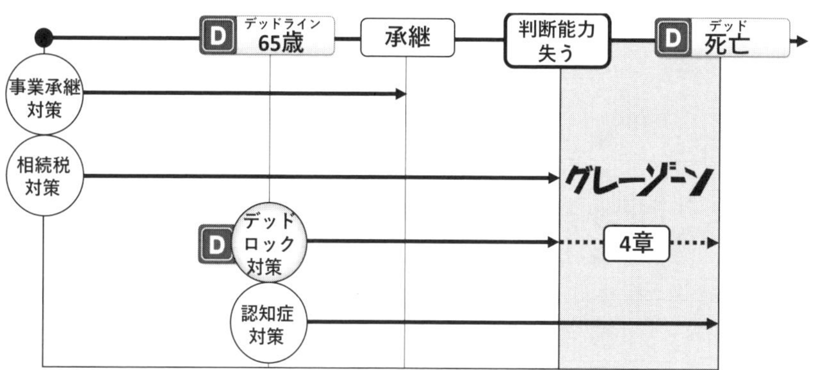


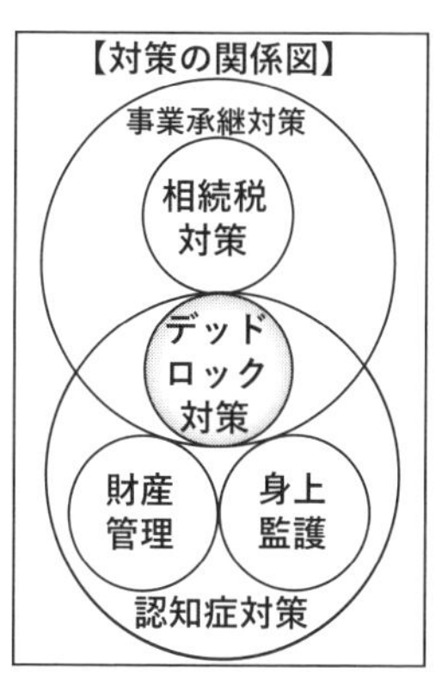


社長（大株主かつ会社の代表者という意味で使用していきます）の判断能力が低下する前に、各種対策を行うことが一番です。

ただし、認知症対策については、社長の判断能力が低下してから死亡するまでの間、社長本人を保護・支援する対策を講じる必要があることを含みおきください。資産状況や家族関係等によって、どこまで認知症の対策が必要となるか十分に考えておくとよいでしょう。

相続税、事業承継、および認知症に関する各々の対策本はたくさんありますので、本書では、第２章で確認した会社がデッドロックに陥ることを回避するための対策を中心に確認していきます。

### 3D対応の事業承継対策の主な点検項目！

対策を行うときに、欠かせないプロセスが現状把握です。まずは、次の主な点検項目があることをはじめに押さえておきましょう。

本節の最後（132頁）に簡易チェックリストを入れておりますので、こちらも是非ご覧ください。

| 主な視点 | 主な点検項目 | 参照頁 |
|---|---|---|
| デッドライン | デッドラインを設定するための主な点検項目 | |
| | ❶ 社長の年齢と健康状態は？ | 99頁 |
| | ❷ 親族間で争いはある？ | 100頁 |
| | ❸ 株主構成は？ | 102頁 |
| | ❹ 株主の年齢と健康状態は？ | 105頁 |
| デッド | 死亡（デッド）したときに備える主な点検項目 | |
| | ❺ 遺言はある？ | 112頁 |
| | ❻ 会社の数字はどうなっている？ | 118頁 |
| | ❼ 会社が使用する社長の個人資産はある？ | 119頁 |
| | ❽ 個人保証はどうなっている？ | 120頁 |
| デッドロック | デッドロックを回避するための主な点検項目 | |
| | ❾ 定款はどうなっている？ | 121頁 |
| | ❿ 会社の機関構成はどうなっている？ | 128頁 |
| | ⓫ 取締役の人数は？ | 128頁 |
| | ⓬ 代表者の人数は？ | 131頁 |

ほっ。

## 2　デッドライン視点の点検項目（チェックポイント）

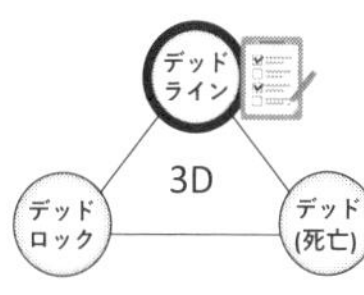


まずは、デッドラインを設定するために、個々の会社の状況に応じて、点検箇所を確認していきましょう。

### ❶　社長の年齢と健康状態は？

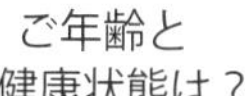

これからの事業承継対策は、社長の年齢と健康状態を確認することが肝要です。一般的に、年齢が高くなるにつれ、認知症のリスクが高まります。

社長の年齢と健康状態から、対策が打てる期間を見定めましょう。

一方で、年齢を重ねて初めて使える制度があります。相続時精算課税制度は、原則として、贈与者が贈与をした年の１月１日において満60歳以上であることを要件の１つとしています。

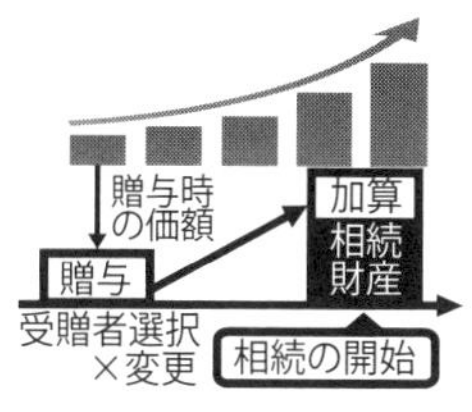


相続時精算課税を選択して贈与した財産は、贈与時の価額により、相続財産に加算されます。将来、相続が発生したときよりも、贈与時の価額が低い場合には、相続財産が圧縮されるため、相続税の負担が軽減されるでしょう。

ただし、生前に相続時精算課税を選択して贈与を受けた事実を隠したくても、贈与者が死亡すると、他の相続人に知られてしまいます。相続税の申告書に、相続時精算課税を選択して贈与を受けた財産が記載されるからです。そのことも踏まえて、相続時精算課税の利用可否を検討しましょう。

| |
|---|
| ✍ 認知症等のリスクを評価し、対策ができる期間を見定めましょう。 |
| ✍ 60歳から使える相続時精算課税制度の利用可否を検討しましょう。 |

## ❷ 親族間で争いはある？

親族間で争い事があると、次のような問題が生じます。

| ☒ 意思能力の有無について、後々争いが生じる。 |
|---|
| ☒ 相続により株式が分散して、株式を後継者に集約できない。 |
| ☒ 反対株主として、株主の権利を行使される。 |
| ☒ 推定相続人の合意を必要とする制度が使えない。 |
| ☒ 遺留分侵害額請求権（116頁）を行使される。 |
| ☒ 遺産分割ができない。 |

親族間の争いが相続財産を巡る争いに発展し、後継者が株式を承継できなくなることがあります。社長が有する会社の株式も相続財産です。その株式を後継者に集中して承継させると、遺留分の問題が生じます。

**専門用語**

| 遺留分 | 兄弟姉妹（およびその子）以外の法定相続人に、被相続人の意思でも奪えない最低限の相続分（遺留分）を保障しています。 |
|---|---|

他の相続人に配慮せず一方的に事を運ぶと、相続発生後に争いが生じる場合があります。お金が絡むと人は変わります。相続や事業承継のことで、やみくもに家族会議を開くことはおすすめできません。家族会議を行う前に、争いの火種がくすぶっていないか確認しておくことが賢明です。

☑「お金が絡むと人が変わる」ことを念頭におきましょう。

## 円滑にいかない経営承継円滑化法!?

中小企業の事業承継の円滑化を図るために、遺留分に関する民法の特例等を定めた「中小企業における経営の承継の円滑化に関する法律（以下、経営承継円滑化法）」があり、同法の適用が可能で、かつ利便性が高ければ、柔軟な事業承継ができるかもしれません。

しかし、下図に示す民法特例（遺留分の固定合意及び除外合意）を利用するには、推定相続人全員（遺留分権利者に限る）の合意が必要となります。

相続が発生したときに、「相続財産はどれくらいもらえるのだろう」という考えが脳裏に浮かんだとき、見返りもなく自分の取り分が減るような合意を推定相続人全員がするでしょうか？　推定相続人全員に合意してもらうときに、どうしても、お金の匂いがしてしまいます。実務では、経営承継円滑化法を利用しようとして、円滑にいかないことがあるのです。

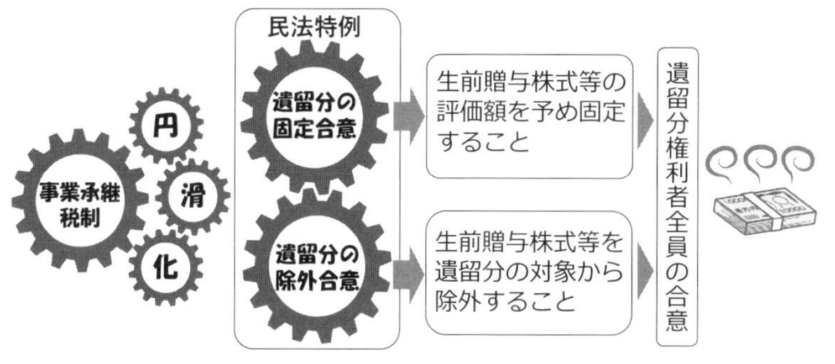


親族間に争いがあると、成年後見制度を利用するときにも支障をきたします（後述236頁）。早めに親族の争いの有無を確認しましょう。

| |
|---|
| ✍ 親族間に争いがあると、利用できない制度があります。 |
| ✍ 親族同士の争いの種になることは慎重に事を進めましょう。 |

## ❸ 株主構成は？

ある時期までは、株式会社を設立すると、一律に株式が分散していました。

会社の登記簿謄本を閲覧し、設立年月日が、平成３年（1991年）４月１日より前であるか確認してみましょう。

それより前では、会社を設立する際に、最低７人の発起人が必要とされていました。会社設立後、各発起人は、株式を引き受けて株主となります。つまり、設立当初、最低７人の株主が存在したのです。

平成２年（1990年）に成立した商法改正は、平成３年（1991年）４月１日に施行され、株主１人でも会社が設立できることになりました。事業承継では、後継者に株式を集約しなければなりません。会社が、平成３年４月１日より前に設立されている場合には、最低７人いた株主の変遷を確認しておくとよいでしょう。

所在不明の株主がいる場合には、株主名簿に記載の住所に通知・催告しておきましょう。５年以上継続して通知・催告が届かない等一定の要件を満たすと、家庭裁判所の許可を得て、所在不明な株主の株式を処分することができます。継続して配当を５年間受領していない株主も同様です。

✍ 設立年月日が、平成３年４月１日より前であるか確認しましょう。

## 株主構成は、どうやって確認するの？

会社の登記簿謄本には、株主の情報は書いてありません。自社の株主を確認する方法を二段階に分けて確認しましょう。

**■はじめに確認する書類**

| 確認方法 | 備　考 |
|---|---|
| 株主名簿 | 会社に備え付け義務がある。 |
| 法人税確定申告書 別表2 | 申告書をめくり数枚目にある。 |

**■株主が特定できない場合の主な対応**

| 確認方法 | 備　考 |
|---|---|
| 設立時の関係者に質問 | 質問をして目星をつける。 |
| 原始定款を確認 | 発起人が設立当初の株主となる。 |
| 法務局で原始定款を確認 | 原始定款の保存期間５年・閲覧のみ可、写し不可（紛失した場合） |
| 公証役場で原始定款を確認 | 原始定款の保存期間20年・写しの発行可（紛失した場合） |
| 株券の裏書があるか確認 | 氏名等の記載があれば、株主か確認する。 |
| 登記簿謄本の履歴を確認 | 発行済株式総数の変更時の株式移転を確認する。 |
| 株主総会議事録を確認 | 株式の移転に関する議案を確認する。 |
| 株式の譲渡契約書等を確認 | 株主の移転が生じる契約書類を確認する。 |
| 株主の相続関連書類を確認 | 遺産分割協議書等により承継先を確認する。 |
| 配当金の支払履歴を確認 | 支払先が株主である蓋然性が高い。 |
| 配当の支払調書を確認 | 支払を受ける者が株主である蓋然性が高い。 |
| 贈与・相続税の申告書を確認 | 提出者が株主である蓋然性が高い。 |
| 所得税の申告書を確認 | 譲渡先が株主である蓋然性が高い。 |
| 申告書等閲覧サービスを利用 | 申告書等を紛失した場合、税務署に閲覧申請する。 |

（専門家に依頼しなくても確認できますが、税理士等の専門家に相談するとよいでしょう）

株主名簿を整備しておくことは、実務上とても大切なことです。株主リストの添付が義務付けられた商業登記があるほか、106頁で後述する事業承継税制の手続等にも影響します。

さらに、名義株の問題もあります。平成２年商法改正施行前に会社を設立するには、お金を出して株式を引き受けてくれる発起人を７人も集める必要がありましたが、実際のところ、お金は出してもらわずに、名義を借りて、その名義で株式を引き受けることもあったでしょう。

このとき、お金を出した人と名義を貸した人どちらを株主とするかが問題となりますが、基本的には、「実質上の引受人」つまり、お金を出した人が株主となるとされています（最二小判昭和42・11・17民集21巻９号2448頁）。

ただし、実質株主の認定は、一方当事者（名義貸与者または借用者）の認識のみによってされるべきものではなく、下表に掲げる事項を総合的に考慮して行う必要があるともされています（東京地判平成23・７・７判例時報2123号134頁）。

| □ 株式取得資金の拠出者 |
|---|
| □ 株式取得の目的 |
| □ 取得後の利益配当や新株帰属等の状況 |
| □ 貸与者及び借用者と発行会社との関係 |
| □ 名義借用の理由の合理性 |
| □ 株主総会における議決権の行使状況等 |

名義株がある場合、これらを踏まえて事実確認をし、株主名簿を書き換えます。その際、名義貸与者から承諾書をもらっておくとよいでしょう。

| ✍ 実質株主の認定をして、最新の株主名簿を整備しましょう。 |
|---|
| ✍ 名義株主、所在不明株主がいる場合は、別途手続を踏みましょう。 |

## ❹ 株主の年齢と健康状態は？

社長以外の株主が認知症になり、判断能力を失うと、その株主の株式を後継者に集約することができなくなることがあります。

ほかにも、株主総会における議決権行使がなされず、株主総会の運営に支障が生じます。そのため、株主の年齢と健康状態を確認し、株式の集約化をいつまでに、どのような順番で行うか検討しておきましょう。

先述の経営承継円滑化法の支援策には、後継者が、同法の認定を受けている非上場株式等を贈与または相続等（相続または遺贈）により取得した場合において、その贈与税・相続税の納税が猶予または免除される「事業承継税制」という制度が盛り込まれています。

この制度が適用される承継パターンが拡大されています。従前は、１人の先代経営者から１人の後継者に承継するパターンが本制度の対象でしたが、先代経営者以外の株主が後継者に贈与するパターンも対象となっています。この事業承継税制について、これから確認していきます。

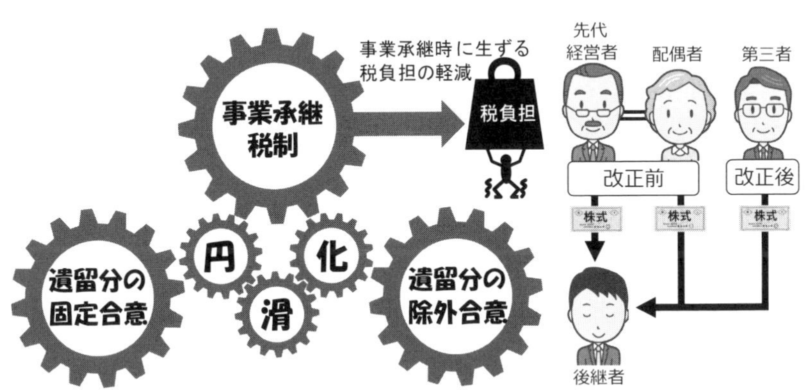


| |
|---|
| ✍ 分散している株式を集約する計画を立てましょう。 |
| ✍ 事業承継税制の適用可否を検討しましょう。 |

## 事業承継税制の本質は納税の先送り！

「人の一生は重荷を負うて遠き道をゆくが如し」後継者であれば、ときに、徳川家康の遺訓のような心境になることもあるでしょう。会社のためとはいえ、後継者には、株式承継時の税負担が重くのしかかることがあります。事業承継税制（以下、本制度）とは、後継者が、非上場会社の株式等を承継するときに生じる税負担を、次世代以降に先送りする制度です。

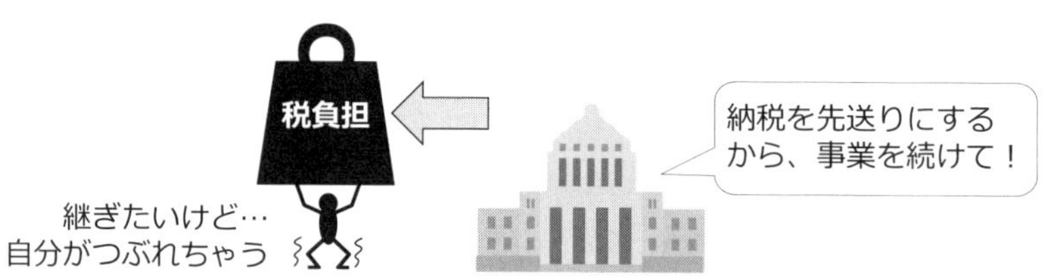


はじめに、本制度の本質から押さえましょう。本制度の本質は、納税の猶予と免除を繰り返しながら、次世代以降に、納税を先送りにすることです。簡単に納税を免除できる制度として押さえるのではなく、この制度の出口で、納税をすることになると理解してもらうほうがよいかもしれません（理論上、廃業時に減免されて納税がないことも想定できますが）。

このことを念頭に置いたうえで、本制度の特例措置について、くわしく見ていきましょう。

## 【期間限定】（法人版）特例事業承継税制

平成30年（2018年）1月1日から10年間限定で、事業承継税制の特例措置（以下、特例）が創設されました。この特例の適用を受けると、非上場株式等を実質無税で後継者に承継させることができます。

この特例は、一定の要件の下で、非上場株式等の贈与または相続等に係る贈与税・相続税の納税を全額猶予し、（特例）贈与者の死亡等一定の事由が生じたときに、その猶予税額の納付が免除される仕組みとなっています。

ただし、事業承継税制は、事業承継を促進させるために創設された制度です。その適用を受けた後継者は、納税猶予期間中、株式を継続して保有することを求められるなど、一定の制約を負うのです。

## 特例承継計画は、制度の入り口で見せる通行許可証

平成30年（2018年）4月1日から令和5年（2023年）3月31日まで（以下、5年以内）に「特例承継計画」を都道府県知事に提出していなければ、特例の適用を受けることができません。そして、平成30年（2018年）1月1日から令和9年（2027年）12月31日まで（以下、特例期間）に贈与または相続等により取得した非上場株式等が特例の適用対象となります。

つまり、5年以内に特例承継計画を提出し、10年間という特例期間内に非上場株式等を贈与または相続等により取得したときに、一定の要件の下、特例の適用を受けることができるのです。

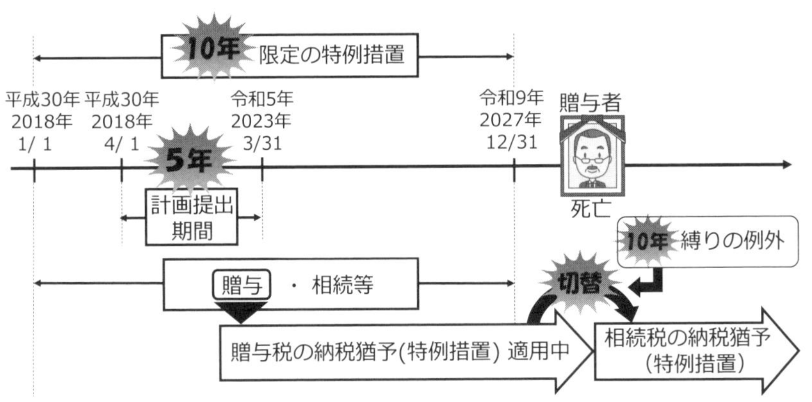


贈与税の納税猶予期間中に、贈与者（先代経営者）が死亡した場合、猶予されていた贈与税が免除される一方で、受贈者（後継者）が贈与により

取得した非上場株式等を、先代経営者から相続等により取得したものとみなして（以下、みなし相続）、相続税が課されます。

このとき、都道府県知事の確認（切替確認）を受けて、相続税の納税猶予制度に切り替えることもできます。

このみなし相続時のポイントを2つ押さえておきましょう。

| ① | 贈与したときの価額で相続等したものとみなされる。 |
|---|---|
| ② | 相続税の納税猶予制度を選択するか検討する必要がある。 |

### 事業承継税制が早めに後継者に株式を承継するように誘導!?

本特例を相続税の納税猶予の適用を受けることから始める場合には、特例期間内の相続等が適用対象となる点に留意しましょう。

同様に、贈与税の納税猶予の特例も、特例期間内の贈与が適用対象となりますが、本特例を贈与税の納税猶予制度の適用を受けることから始めておけば、特例期間経過後に、（特例）贈与者の相続が発生しても、相続税の納税猶予の特例に切り替えることができ、後継者は、実質無税で非上場株式等を相続等により取得することができます。

## 新旧制度が併存！

これまでの事業承継税制（一般措置）の適用を受けるには、承継後５年間は、毎年平均８割の雇用を維持しなければならない等の厳しい要件が設定されていました。実際に猶予される税額は、最大でも５割程度（総株式数の３分の２×相続税納税猶予割合80％）です。リスクや労力の割に効果が乏しいものでしたが、10年間限定の特例が新設されたことにより、利便性が向上しました。ただし、特例が設けられたからといって、一般措置が廃止されたわけではない点に留意しましょう。

特例措置
一般措置

■特例措置と一般措置の比較

| | 特例措置 | 一般措置 |
|---|---|---|
| 事前の計画策定等 | ５年以内の特例承継計画の提出<br>平成30年（2018年）４月１日から<br>令和５年（2023年）３月31日まで | 不要 |
| 適用期限 | 10年以内の贈与・相続等<br>平成30年（2018年）１月１日から<br>令和９年（2027年）12月31日まで | なし |
| 対象株数 | 全株式 | 総株式数の最大３分の２まで |
| 納税猶予割合 | 100％ | 贈与：100％　相続：80％ |
| 雇用確保要件 | 弾力化 | 承継後５年間<br>平均８割の雇用維持が必要 |
| 事業の継続が困難な事由が生じた場合の免除 | あり | なし |
| 相続時精算課税の適用 | 60歳以上の者から20歳以上の者への贈与 | 60歳以上の者から20歳以上の推定相続人・孫への贈与 |
| 承継パターン | 複数の株主から最大３人の後継者 | 複数の株主から１人の後継者 |

出典：（国税庁）非上場株式等についての贈与税・相続税の納税猶予・免除（事業承継税制）のあらまし（筆者加工）

## 何代も無税で引き継げる制度ではない!?

本特例は、何代も無税で自社株式を引き継げる制度ではありません。1代目死亡後、2代目から3代目に自社株式を贈与する事例を見てみましょう。

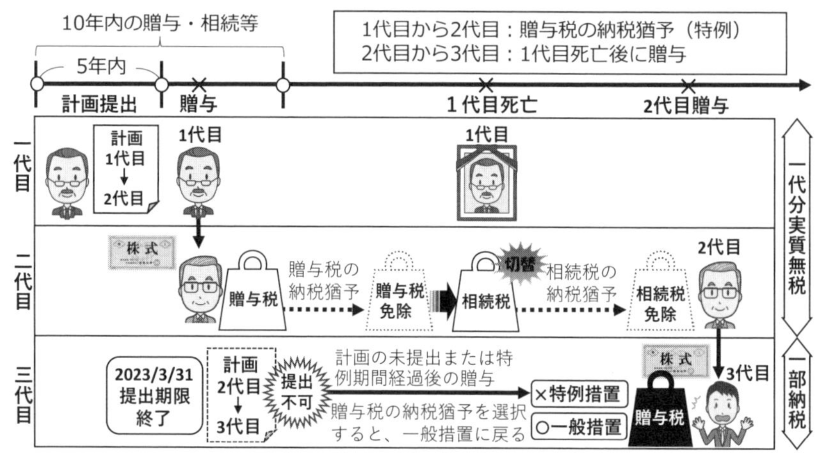


1代目死亡後に、納税猶予（特例）の適用を受けている2代目から3代目に自社株式を贈与する場合、提出期限（5年）内の特例承継計画の提出、かつ特例期間（10年）内の贈与でなければ、3代目が贈与税の納税猶予の適用を受けても、一般措置に戻り、一部納税猶予の適用を受けることができません(注13)。

(注13) 1代目死亡前に、納税猶予の適用を受けている2代目から3代目に猶予継続贈与（提出期限内の特例承継計画の提出、かつ特例期間内の贈与）を行う場合には、特例期間（10年）経過後に1代目が死亡しても、1代目から3代目に発生するみなし相続について、特例の適用を受けられる余地はあります。

## 鳴くまで待てる？　免除まで

鳴くまで
待てる？時鳥…
そして、免税…

特例には、様々な適用パターンがあると思いますが、ひとまず、一代分実質無税で非上場株式等を承継できる制度として押さえて、税理士等の専門家に相談するのがよいでしょう。

改めての確認となりますが、事業承継税制の本質は、納税の猶予と免除を繰り返しながら、納税を先送りにすることです。

後継者は、納税猶予期間中に、再び徳川家康の遺訓（106頁）を思い出すことでしょう。納税を猶予しても、一定の事由が生じて免除されるまでは、制度が求める要件等を充足し続けなければなりません。免除まで、遠い道のりを歩むことになるかもしれません。その点、ご留意ください。

### 参考　個人事業主の事業承継によくある誤解

法人の事業承継では、後継者に株式を承継させましたが、個人事業主の事業承継では、後継者に事業用資産を承継させます。

個々の事業用資産は、原則として「時価」で引き継ぎます。「帳簿価額」が時価とみなされる場合もありますが、「帳簿価額」で引き継げばいいというわけではありません。誤認しやすい点ですので、ご留意ください。

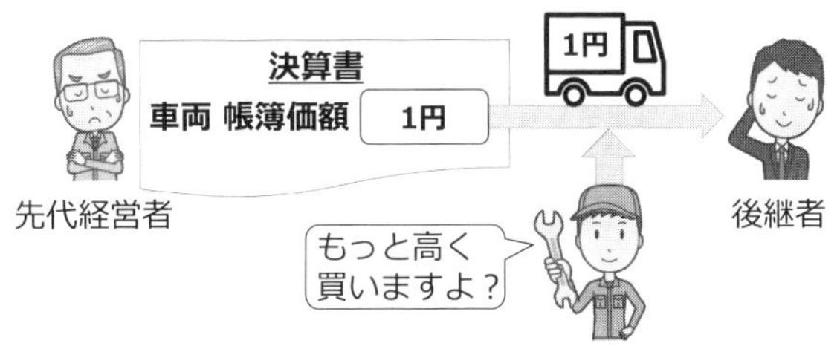

## 3　デッド視点の点検項目（チェックポイント）

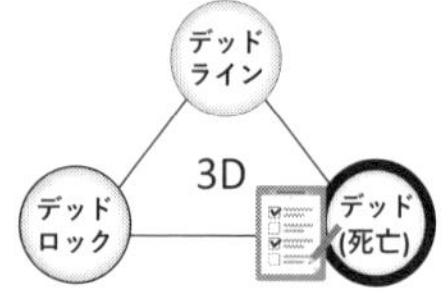


ここからは、デッド視点の点検項目です。社長をはじめとする株主等が死亡したときに備えるために、点検しておく項目を確認しておきましょう。

### ❺　遺言はある？

社長が亡くなったときに遺言がないと、必要とする株式数を後継者が相続できないことがあります。生前に遺言書を作成しておくことが肝要です。

基本的な遺産分割の方法について見ていきます。一般に、被相続人の遺言があれば、遺言の内容に従い、遺産の分割をします。他方、遺言がないときは、相続人の協議によって、遺産の分割をすることができます。

ただし、相続人全員の合意（遺言執行者がいるときは、その同意）があれば、遺言と異なる内容の分け方をすることも認められています。「相続人の意思は、被相続人の意思（遺言）や民法の規定よりも優先」（内田貴『民法Ⅳ　補訂版　親族・相続』416頁（東京大学出版会、2012））されるのです。

## 遺言の主な留意点

ここで、遺言の主な留意点を３つ示します。順に確認していきましょう。

1. 民法に定める方式に従うこと！
2. 遺言能力がないと、遺言は無効！
3. 遺言は、撤回できる！

### ① 遺言は、民法に定める方式に従うこと！

遺言は、遺言者の死後に効力が生じますが、民法に定める遺言の方式に従わなければ、有効なものとして成立しません。

民法に定める遺言の方式には、普通方式と特別方式があります。特別方式は、例外的に認められる方式です。通常、普通方式で遺言を残すことになるでしょう。この普通方式の遺言には３つの種類があります。次表を確認しましょう。

| 種　類 | 内　容 | 検認(※1) |
|---|---|---|
| 自筆証書遺言 | 全文(※2)、日付、及び氏名を自書し、これに印を押さなければならない方式の遺言(※2) | 必要 |
| 公正証書遺言 | 公正証書により作成する遺言 | 不要 |
| 秘密証書遺言 | 公証人や証人の前に封印した遺言書を提出して、遺言の存在は明らかにしながら、内容を秘密にして遺言書を保管することができる方式の遺言(※3) | 必要 |

（※１）家庭裁判所の検認手続のこと。
（※２）一部緩和。次頁を参照のこと。
（※３）内田貴『民法Ⅳ　補訂版　親族・相続』467頁（東京大学出版会、2012）。

### 遺言が見つかっても、いきなり開封してはいけません。

葬儀中に仏壇の整理をしていたら、引出しの中から遺言書が見つかることが実際にあります。封印のある遺言は、家庭裁判所において相続人またはその代理人の立会いがなければ、開封することができません（民法1004条３項）。

また、遺言を執行するには、公正証書遺言を除き、家庭裁判所に遺言書を提出して、検認の手続をしなければなりません（注14）。これらに違反したからといって、遺言が無効になるわけではありませんが、５万円以下の過料に処されます。

（注14）検認とは、遺言書の保存を確実にして後日の変造や隠匿を防ぐ一種の証拠保全手続である（内田貴『民法Ⅳ　補訂版　親族・相続』478頁（東京大学出版会、2012））。

### 2019年１月13日から自筆証書遺言の方式が緩和されました！

平成31年（2019年）１月13日以降、自筆証書遺言の財産目録の部分は、自書によらず、パソコン・ワープロ等での作成が認められています。

ただし、自書によらない財産目録を自筆証書遺言に添付する場合は、財産目録の各頁に署名押印しなければなりません。

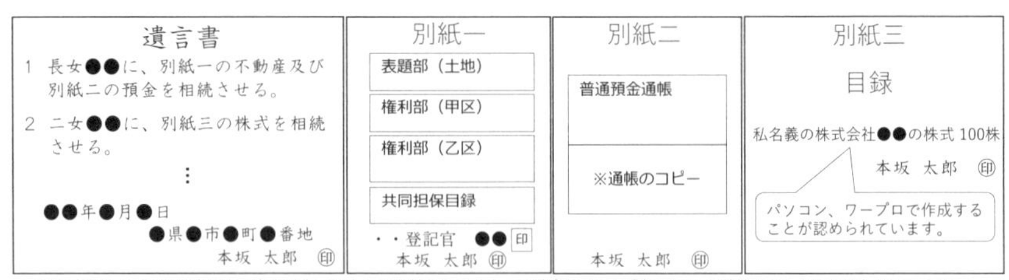

遺言書

1　長女●●に、別紙一の不動産及び別紙二の預金を相続させる。

2　二女●●に、別紙三の株式を相続させる。

⋮

●●年●月●日

●県●市●町●番地

本坂　太郎　㊞

別紙一

表題部（土地）

権利部（甲区）

権利部（乙区）

共同担保目録

・・登記官　●●　印

本坂　太郎　㊞

別紙二

普通預金通帳

※通帳のコピー

本坂　太郎　㊞

別紙三

目録

私名義の株式会社●●の株式 100株

本坂　太郎　㊞

パソコン、ワープロで作成することが認められています。

※不動産について登記事項証明書を財産目録として添付することや，預貯金について通帳の写しを添付することも認められています。
（参考）法制審議会民法(相続関係）部会第25回会議（平成29年12月19日）遺言書（サンプル）

### 2020年7月10日からは自筆証書遺言を法務局で保管してくれる！

令和２年（2020年）７月10日から自筆証書遺言を法務局に保管する制度が開始されました。この保管制度を利用すると、自筆証書遺言であっても、家庭裁判所の検認が不要となります。

### ② 遺言能力がないと、遺言は無効！

遺言をするときに、遺言能力がなければ、その遺言は無効です。つまり、遺言をするときに、認知症にかかり、判断能力を欠く状態であれば、原則として遺言は無効となります。

> 民法第963条（遺言能力）
> 遺言者は、遺言をする時においてその能力を有しなければならない。
>
> 

また、遺言には、年齢制限があります。15歳に達しないと、遺言をすることができないと民法に定められています（民法961条）。

### ③ 遺言は撤回できる！

遺言は、いつでも遺言の方式に従って、撤回することができます。前の遺言と後の遺言で抵触する部分については、後の遺言が有効となります。

> 民法第1023条（前の遺言と後の遺言の抵触等）
> 1　前の遺言が後の遺言と抵触するときは、その抵触する部分については、後の遺言で前の遺言を撤回したものとみなす。
> 2　省略
>
> 

なお、遺言を撤回するときに、前の遺言と同じ方式により撤回する必要はありません。例えば、公正証書遺言を自筆証書遺言で撤回することも認められます。

## 遺言によるトラブルは後を絶ちません！

被相続人の遺言書が複数見つかることもあるでしょう。遺言の有効性を争点とした裁判は、数多く存在します。

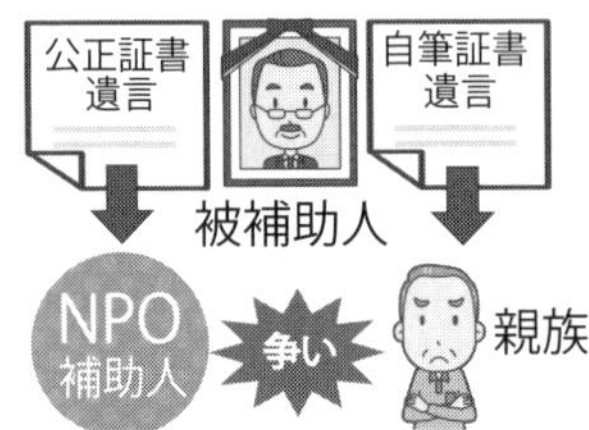


元補助人のNPO法人を受遺者(注15)とする公正証書遺言と、その後作成された親族を受遺者とする自筆証書遺言のいずれの遺言が有効になるか争われた裁判があります。裁判所は、受遺者の名前の表記に不備があったにもかかわらず、自筆証書遺言を有効とする判決を下しました。

## 遺留分を侵害されたら？

例えば、遺贈により、遺留分が侵害されたとき、どのようにして権利を守るのでしょうか？

他の相続人の遺留分を侵害した相続人等（受遺者または受贈者）に対して、遺留分の侵害額に相当する金銭の支払いを請求することができます。

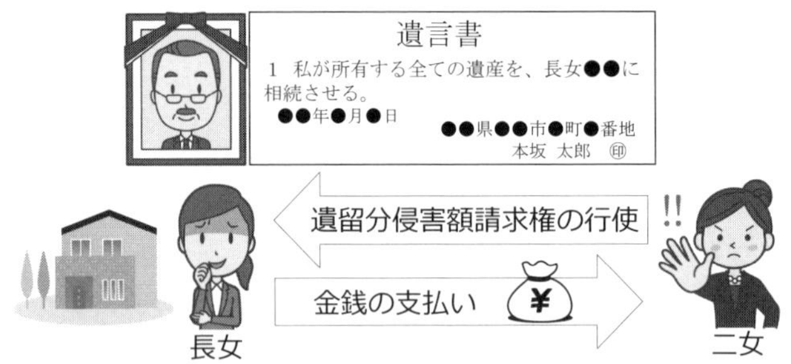


（改正前）遺留分減殺請求権を行使される→減殺の対象財産が当然に共有状態になる。

（改正後）遺留分侵害額請求権を行使される→請求により金銭債権が生じることになる。

## 相続人の欠格事由

相続人にも欠格事由があります。被相続人の遺言書を、偽造、変造、破棄または隠匿した者は、相続人になることはできません。遺言書を見つけたときに、不当に遺言書を隠匿したりすると、意に反して、相続資格を失う可能性があります。

### COLUMN

### お世話になったママ違い

「ママには世話になった。オレが死んだら、この家を遺贈しよう」生前に愛するママのことを想い、遺言を残すことがあるでしょう。ただし、ママはママでも、スナックのママを受遺者(注15)にすると、本当のママ（本妻）は、夫の愛も財産も失ってしまうことがあります(注16)。

世の中には、色々なママがいますから、たとえ認知症になったとしても、遺言書を作成するときは、お間違いのないように。

（注15）遺贈によって、利益を受ける者（内田貴『民法Ⅳ補訂版 親族・相続』482頁（東京大学出版会、2012））

（注16）不倫な関係にある女性に対する遺贈が、公序良俗に反しないものとして、有効とされた事例もあります（最一小判昭和61・11・20民集40巻７号1167頁、仙台高判平成４・９・11判タ813号257頁）

## ❻ 会社の数字はどうなっている？

決算書に載っていない資産（簿外資産）が、自社の株価に影響を与え、事業承継時に、思わぬ税負担を強いられることが多分にあります。決算書を見て、ざっと確認できる簿外資産をご紹介します。

まずは、借地権です。決算書に建物が計上されていながら、土地が計上されていない場合、土地は借りていると推測することができます。このとき、借地権があることを疑い、税理士等に確認しましょう。

借地権とは、建物の所有を目的とする地上権または土地の賃借権をいい、この借地権の評価額が、株価に影響を与えることがあります。

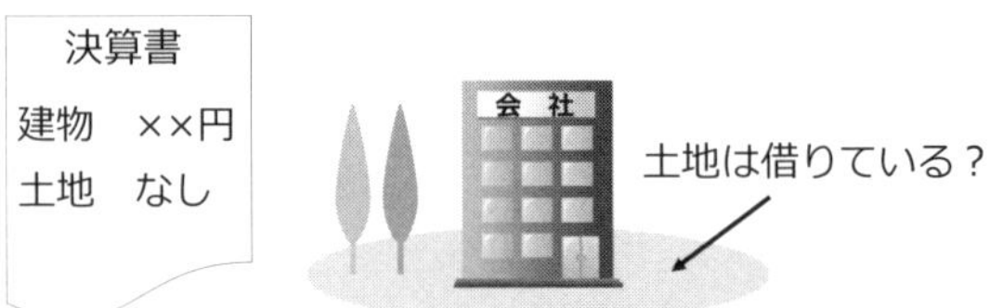


次は、法人契約の生命保険です。その契約を解除するとしたときの解約返戻金の額が、株価に影響を与えることがあります。この解約返戻金の額は、決算書で確認するのではなく、保険会社に確認します。保険契約の管理と解約返戻金の推移を確認しておきましょう。

| |
|---|
| ✍ 決算書に建物があって土地がない場合、借地権を検討しましょう。 |
| ✍ 保険契約の管理と解約返戻金の推移を確認しておきましょう。 |

## ❼ 会社が使用する社長の個人資産はある？

社長が死亡すると、社長の個人資産は、相続人等が相続により取得することになります。社長の個人資産を会社が使用している場合は、社長に相続が発生しても、引き続き会社で使用できるよう対策をしておきましょう。

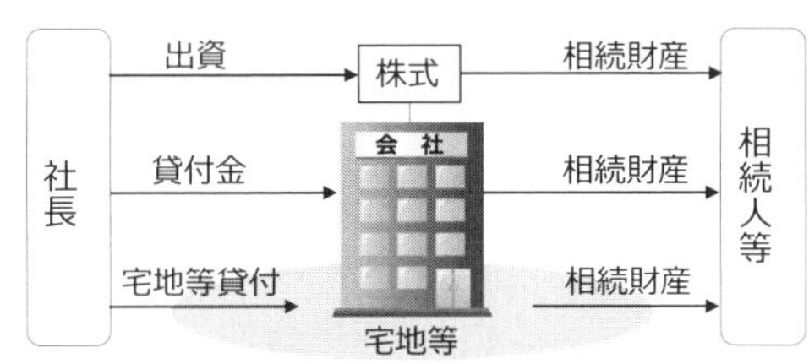


他にも、小規模宅地等の特例（以下、小宅特例）という一定の宅地等の評価額を大幅に減額し、相続税の負担を軽減してくれる制度があります。

| 区分 | 限度面積 | 減額割合 |
|---|---|---|
| 特定事業用宅地等<br>特定同族会社事業用宅地等 | 400㎡ | ▲80% |
| 特定居住用宅地等 | 330㎡ | ▲80% |
| 貸付事業用宅地等 | 200㎡ | ▲50% |

社長の個人資産である宅地等を会社に貸している場合、社長が死亡したときに、一定の要件を満たし、特定同族会社事業用宅地等に該当すると、その宅地等の相続税の評価額を減額させることができますが、この小宅特例の適用を受けるには、社長所有の宅地等を会社に「有償」で貸し付けていることが要件に含まれることがありますので、ご留意ください。

| |
|---|
| ✍ 会社が使用する社長の個人資産を確認しておきましょう。 |
| ✍ 会社に貸した宅地等が小宅特例の対象になるか確認しましょう。 |

## ❽ 個人保証はどうなっている？

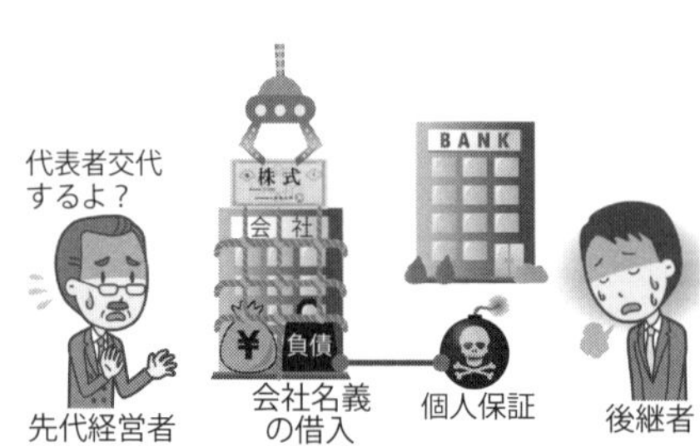


金融機関等が会社に融資をする際に、経営者に会社の連帯保証人として経営者個人による保証（経営者保証）を求めることがあります。後継者とその家族にとっての一番の心配事は、代表者交代に伴い、前経営者の個人保証を引き継ぐか否かでしょう。

法的な拘束力はありませんが、「経営者保証に関するガイドライン」（以下、ガイドライン）という中小企業団体・金融機関団体共通の自主的な準則があります。このガイドラインが示す一定の要件を充足していると、事業承継時に、経営者保証を解除してもらえることがあります。

融資をした金融機関等の視点から考えると、融資先の個人保証を外すと、返済が滞ったときの人的担保がなくなるため、債権保全の面でリスクが生じます。したがって、事業承継時における経営者保証の解除については、融資を受けている会社側から、積極的に相談していくことが必要です。

令和元年（2019年）12月24日に、事業承継時に焦点を当てたガイドラインの特則が公表され、金融庁は、金融機関関係団体等に対し、積極的な活用を要請しています。また、一事業承継時の経営者保証を不要とする信用保証制度も創設されました（令和２年（2020年）４月から開始）。

筆者の知り合いにも、ゴルフが上手くて、顧客の幸せを第一に考える銀行マンがいます。地域企業のために汗を流す銀行マンとつながることも後継者にとって大切なことだと思います。

✍ 金融機関の担当者に、ガイドラインの活用可否を相談しましょう。

## 4　デッドロック視点の点検項目（チェックポイント）

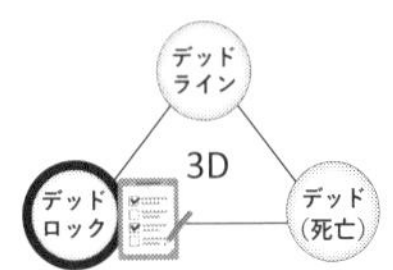


最後に、デッドロック視点の点検項目です。会社が、デッドロックに陥りやすい状態になっていないか確認しておきましょう。

### ❾　定款はどうなっている？

「会社に関する法律関係には、まず定款の規定が適用され、次に会社法の規定が適用される」（神田秀樹『会社法〔第21版〕』11頁（弘文堂、2019））とあるように、定款に定めたことは、会社の憲法と称されるほど、重要な根本規則です。

定款の定め方によっては、事業承継が失敗に終わることもあり得ます。

### 定款の記載事項は、絶対！　相対！　任意！　の3つ

ここで、定款の記載事項について、確認しましょう。定款の記載事項は、大きく3つに分類されます。

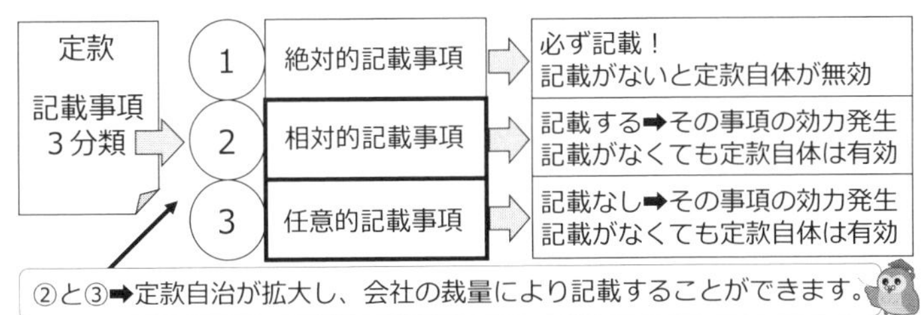


絶対的記載事項とは、定款に必ず記載しなければならない事項をいい、原始定款に次の5つの事項を記載しなければ、定款自体が無効となります。

| ①　目的 | ②　商号 | ③　本店の所在地 |
|---|---|---|
| ④　設立に際して出資される財産の価額又はその最低額 | | |
| ⑤　発起人の氏名又は名称及び住所 | | |

相対的記載事項は、「定款に記載・記録しなくても定款の効力自体には影響はないが、定款に記載・記録しない限り、その事項の効力が認められないもの」(注17) をいいます。例えば、種類株式（後述197頁）などが該当します。

「任意的記載事項は、単に定款に記載・記録できる事項で、定款に記載・記録しなくてもその事項の効力が生じないということは」(注18) ありません。

（注17）（注18）青竹正一『新会社法［第４版］』順に61頁、64頁（信山社、2015）

加えて強行法規に反する定款の規定は、原則として無効となる点を押さえておきましょう。強行法規については、当事者の意思を無視して、強制的に適用される規定だと考えてもらうと理解しやすいかもしれません。

会社法の規定の多くは強行法規ですが、定款で別段の定めを設けることを認める規定も多くあります。会社法の条文を読んでいると、次のような文言に触れることがありますので、見てみましょう。

| …別段の定めがある場合は、この限りではない。 |
|---|
| …することができる旨を定款で定めることができる。 |

これらの条文の文言が示すように、一定の範囲において、会社の裁量によって自由に定款を定めること（定款自治）が許容されています。

定款の定め方次第では、会社の意思決定の迅速化を図る目的で、取締役会から代表取締役に一定の権限を委譲することもできますが、やみくもに、代表取締役に権限を移譲すると、その代表取締役が不在になったときに、かえって、会社の意思決定が遅れてしまう場合があるので注意しましょう。

定款を変更するにも、原則として、株主総会の特別決議を要します。例えば、株主総会の招集を行う者と議長を務める者を代表取締役と定めた場合には、代表取締役が不在になったときに、ただちに株主総会の決議を経ることができないこともあるでしょう。

■代表取締役に権限を移譲する定款の例

| |
|---|
| ✍ 譲渡制限株式の譲渡請求の承認を代表取締役が行う。 |
| ✍（上記承認をしない場合）指定買取人を代表取締役に指名する。 |
| ✍ 株主総会は、代表取締役が招集する。 |
| ✍ 株主総会の議長は、代表取締役にする。 |
| ✍ 取締役会は、代表取締役が招集する。 |

もっとも、代表取締役に権限を委譲する定款の定めを置くときに、他の取締役が代行できる旨の定めを置くことが通例です。しかし、そうした手当がされていない定款もあるかと思います。念には念を入れて、自社の定款の内容を改めて確認しておきましょう。次は、株券について確認します。

### 株券発行会社

会社が株券を発行していれば、後継者に株式を集約するときに、株券の交付が必要です。なぜなら、株券発行会社の株式の譲渡は、実際に株券を交付しなければ、その効力が生じないと会社法に定められているからです。

| | 株式譲渡の効力発生要件（会社法128条１項） |
|---|---|
| 株券発行会社 | 当事者間の合意＋株券の交付 |
| 株券不発行会社 | 当事者間の合意 |

平成18年（2006年）５月１日に会社法が施行されて以降、株券不発行が原則となりました。例外的に株券を発行するには、定款にその旨を定めることが必要です。一方で、会社法施行前の旧商法下では、株券を発行することが原則とされていました。例外的に株券不発行にするには、定款にそ

の旨を定めることが必要とされていたのです。

実は、会社法施行前に設立された株券に関する定款の定めがない会社は、会社法施行日をまたぐと、自動的に株券発行会社となっています。

| 設立時期 | 原則 | 例外 |
|---|---|---|
| 会社法施行後 | 株券不発行 | 株券を発行する➡定款に記載 |
| 会社法施行前 | 株券発行 | 株券を発行しない➡定款に記載 |

▼定款に株券に関する記載がない会社は・・

会社法施行日をまたぐと、自動的に株券を発行する旨の登記がなされました。

【参考】会社法施行日をまたいだ会社の履行事項全部証明書例（抜粋）

| 株券を発行する旨の定め | 当会社の株式については、株券を発行する<br>❶平成17年法律第87号第136条の規定により平成18年5月2日登記 |
|---|---|
| | ❷平成18年5月31日廃止　❷平成18年5月31日登記 |

❶定款変更をしなくても、登記官の職権により自動的に登記。

❷手続を経て、平成18年5月31日に下線部分の株券を発行する旨の登記を抹消。

先述した名義株主（104頁）と株式譲渡契約を結んでも、株券の交付がなければ、株式譲渡の効力が生じていないことがあるのです。謄本を確認して、自社が株券を発行する会社であるか確認しておくことが賢明です。

なお、株券発行会社か否かは、先述した事業承継税制にも関係します。特例・一般措置ともに贈与税または相続税の納税猶予制度の適用を受ける場合には、猶予税額に相当する額の担保提供が必要となります。適用を受ける株式を担保として提供する場合、株券の発行の有無により、下表のとおり、手続が変わりますので、その点もご留意ください。

| | 担保提供の手続 |
|---|---|
| 株券発行会社 | 株券の供託および供託書の正本の提出 |
| 株券不発行会社 | 質権設定を承諾した旨の書類等の提出 |

✍ 謄本・定款に株券を発行する旨の記載がないか確認しましょう。

## 相続人等に対する売渡しの請求に関する定款の定め

相続による株式の分散（86頁）対策も確認しましょう。相続その他の一般承継により、会社の譲渡制限株式を取得した者に対し、強制的にその株式を会社に売り渡してもらうよう定款に定めることが認められています。

> 会社法第174条　［一切（すべて）の権利義務を（丸ごと）承継すること］
> 　株式会社は、相続その他の**一般承継**により当該株式会社の株式（譲渡制限株式に限る。）を取得した者に対し、当該株式を当該株式**会社に売り渡すことを請求**することができる旨を**定款で**定めることができる。［請求する都度、株主総会の特別決議を要する。］

この定款の定めがあれば、株式を承継した相続人等と協議して、合意した価格で株式を買い取ることになります。一方で、協議が決裂したまま、請求の日から20日以内に、裁判所に売買価格の決定の申立てをしないと、会社が行った当該売渡しの請求は効力を失うので注意しましょう。

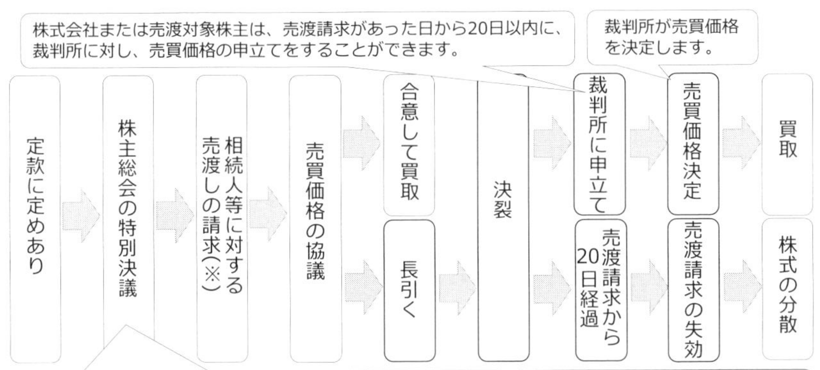


| |
|---|
| ✍ 定款に、当該売渡しの請求に関する定めがあるか確認しましょう。 |
| ✍ この定めを定款に置くことが常時最適であるとは限りません。 |

第3章 これからの事業承継対策は、3D対応で！

## 相続クーデターに気をつける！

前述の売渡し請求の定めを定款に設けるときに、特に注意すべき点があります。それは、会社が乗っ取られるリスクです。この乗っ取りのことを通称、相続クーデターといいます。

**事例で確認！** 発行済株式総数100株の非公開会社で、現社長が80株（80%）、他の役員（第三者）が20株（20%）を保有する事例で確認します。現社長は、他の役員が死亡したときに、相続による株式の分散が生じることを危惧し、定款に、相続人等に対する株式の売渡しの請求の定めを設けました。

① 定款変更（社長の相続人以外に、株主がいる場合）

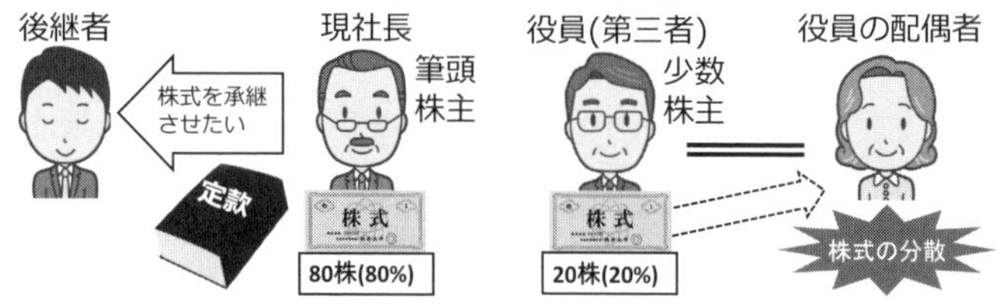


これで安心と思った矢先に、現社長が他界。これを好機と見て、他の役員が、株主総会招集権を行使して株主総会を招集します。

株主総会の特別決議により、相続人等に対する株式の売渡しの請求をする決定をしますが、この株主総会において、株式の売渡しの請求を受けた相続人等（後継者）は、議決権を行使することができず（会社法175条２項）、株主総会の定足数（82頁）にも算入されません[注19]。本事例の場合、議決権を行使できる株主は、20株を保有する他の役員のみです。他の役員単独で、株主総会の特別決議を難なく可決することができてしまいます。

（注19）株主総会の特別決議の定足数は、議決権を行使できる株主を基準にカウントします。本請求を受けた相続人等は議決権がないため、定足数に算入されず、議決権を行使できる残存株主により定足数を充足することもできます。

このとき、適法に会社から株式の売渡しを請求された相続人等は、株式を売りたくないと拒むことはできません。

**② 株主総会の特別決議を経て、相続人等に対する売渡し請求を行う。**

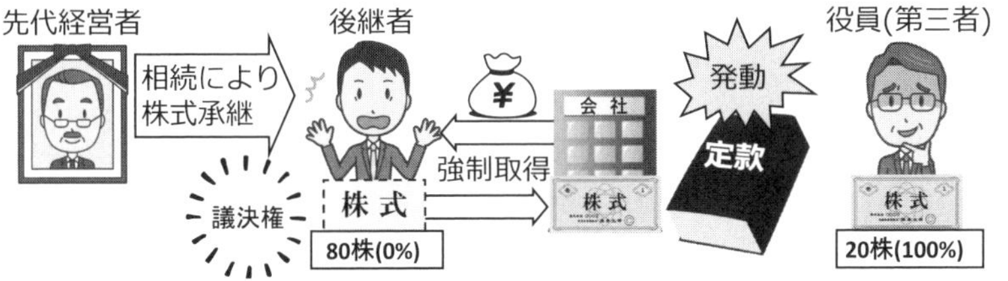


売買価格の協議を経て、会社が相続人等から自己株式を取得することになりますが(注20)、自己株式については、議決権がありません（会社法308条2項）。

（注20） 財源規制あり。

つまり、先代経営者が保有していた80株は、会社が自己株式として取得することで、議決権がなくなり、20株のみ保有していた他の役員が筆頭株主になります。こうして会社を乗っ取られた社長の相続人等は、後継者になることができずに、事業承継に幕を下ろすのです。

**③ 少数株主が筆頭株主になる。**

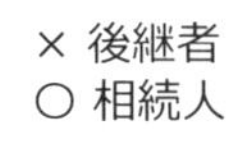

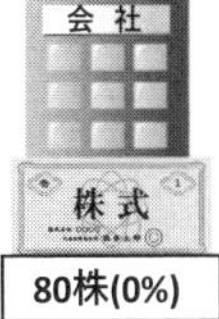

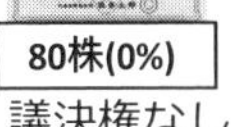

他の株主との関係性から、相続クーデターのリスクがあると見込まれる場合は、定款の定めを削除することや特定遺贈により後継者に株式を承継させる等の対応が必要です。相続人等に対する売渡しの承継は、一般承継による株式の取得を対象としています。特定遺贈による株式の承継は、一般承継ではないため、この請求の対象外となります。

**専門用語** （内田貴『民法Ⅳ 補訂版 親族・相続』493頁（東京大学出版会，2012）

| 特定遺贈 | 遺贈の対象が特定の財産である場合や種類によって指定される場合である |
|---|---|

## ⑩ 会社の機関構成はどうなっているの？

会社の機関構成によって、デッドロックに陥りやすい状態が異なります。定款および登記簿謄本を閲覧して、会社の機関構成を確認しましょう。取締役会の設置の有無は、必ず把握しておいてください。

## ⑪ 取締役の人数は？

取締役の人数が関係して、取締役会がデッドロックに陥ることあります。その流れを順に見てみましょう。

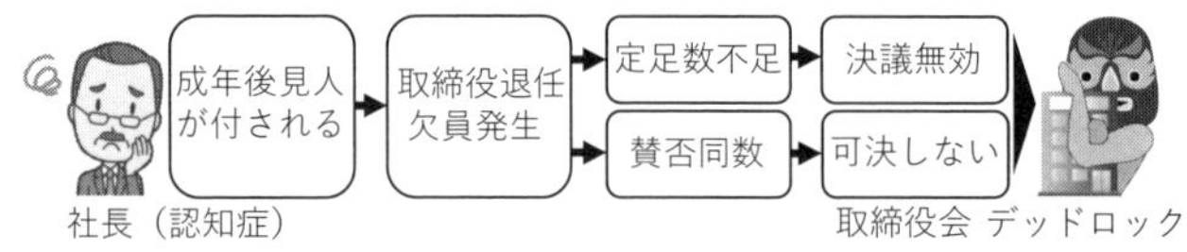


取締役会の定足数と議決要件は、下表のとおりです。株主総会との主な相違点を３つ確認しましょう。

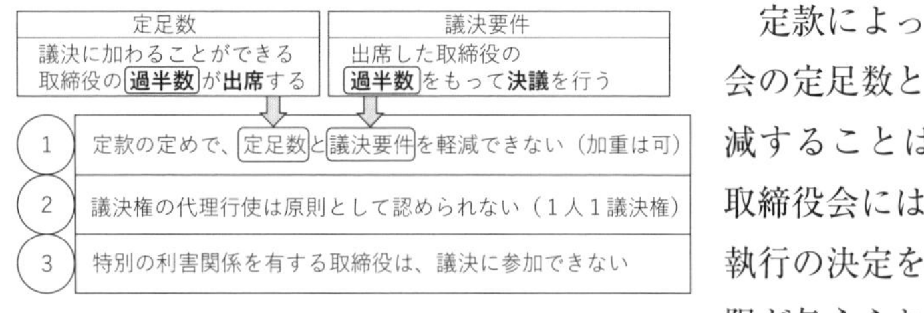


定款によっても、取締役会の定足数と議決要件を軽減することはできません。取締役会には、会社の業務執行の決定をする広範な権限が与えられています。その構成員である取締役は、個人の能力に着目して選任されますので、取締役会の決議には、取締役自ら議決に参加しなければなりません。加えて、取締役会の決議は、公正かつ慎重に行われることが求められます。特別の利害関係を有する取締役は、議決に加わることはできません。

## 取締役の法定の員数と取締役会の定足数

会社法は、取締役の法定の員数（最低数）を定めています。下表に示すとおり、取締役会の設置の有無によって、その法定の員数は異なります。

■会社法における取締役の法定の員数（特別取締役の制度を除く）

| 会社の形態区分 | 取締役の法定の員数 | 定款で別段の定め |
|---|---|---|
| 取締役会設置会社 | 最低３人以上 | 左記人数が下限 |
| 取締役会非設置会社 | 最低１人以上 | 左記人数が下限 |

ここで、取締役会の定足数について、くわしく見ていきましょう。取締役会の「定足数算定の基礎となる取締役数は、原則として現存する取締役の員数であるが（最判昭和41・8・26民集20巻6号1289頁）、現存取締役数が法令・定款に定める取締役の最低数を下回っているときは、その最低限の員数が基準となる（実務相談3巻641頁）」と解されています。

現存する取締役２名

∧ 最低限の員数３名を下回る

法律・定款に定める
最低員数３名

例えば、取締役会設置会社で、定款に別段の定めなく、現存取締役が2人となった場合には、法律・定款に定める最低員数３人を下回るため、定足数算定の基礎となる取締役数は３人となります。定足数を充足するには、議決に加わることができる取締役（本事例では基準３人）の過半数の出席を要しますので、この場合、現存取締役（２人）全員の出席が必要です。

### 定足数不足➡決議無効

取締役会では、議決権の代理行使は認められないため、この事例において、1人でも取締役が欠席すると、その回の取締役会は定足数を充足することができません。取締役が病気等で長期療養する場合もあるでしょう。

定足数を欠いて行われた取締役会の決議はどうなるでしょうか？「取締役会の決議に手続または内容上の瑕疵がある場合については、会社法は、株主総会の決議のような特別の訴えの制度（83頁）を用意していないので、一般原則により決議は無効」（神田秀樹『会社法〔第21版〕』221頁（弘文堂、2019））です。実際に定足数を欠き、無効となった裁判例もあります（最二小判昭和41・8・26民集20巻6号1289頁）。なお、定足数の充足は、開会時だけでなく、「討議・議決の全過程を通じて維持されねばならない」(注21)ので、注意が必要です。

（注21）江頭憲治郎『株式会社法〔第7版〕』420頁（有斐閣、2017）

**賛否同数➡可決しない**

それでは、この事例において、現存取締役2人が対立関係にあるとどうなるでしょうか？

たしかに、現存取締役2人が取締役会に出席すれば、定足数を充足しますが、問題となるのが、取締役会の議決要件です。出席した取締役の過半数をもって決議を行いますが、現存取締役2名が対立し、賛成派と反対派に別れてしまうと、賛否同数になります。これでは、過半数の賛成が得られず、可決されません。

もっとも、取締役に欠員が生じた場合は、遅滞なく後任の取締役を選任しなければなりません。その手続を怠ると100万円以下の過料に処されることがあります（会社法976条22号）。

しかし、後任者がただちに決まらないこともあるでしょう。

取締役の欠員により、取締役会決議ができないデッドロックに陥る可能性があることをあらかじめ押さえておきましょう。

| ✍ 謄本と定款を閲覧し、自社の取締役の最低数を確認しましょう。 |
|---|

## ⑫ 代表者の人数は？

デッド
ロック

最後に、会社の実印問題です。会社の代表者印（会社の実印）は、会社が法人登記をした法務局に登録する必要があります。この代表者印は、代表者１人に対して１つと定められています。代表取締役に成年後見人が付されると、取締役退任となりますが、後任が決まらないと、会社の代表者印の変更ができません。

滅失登記がされないまま代表権を喪失した代表者印を使用した場合、代表権の喪失を取引の相手方が知らない（善意である）限り、その取引は有効とされますが[(注22)]、法律関係が不安定になってしまいます。

やむないときの事前対策として、代表取締役を複数設置し、会社の実印（代表者印）も複数登録しておくことが考えられます。会社の実印を複数登録すると、代表取締役の１人に成年後見人が付されて退任となっても、別の代表取締役の代表者印を使用して、会社の契約を行うことができます。

複数の代表取締役を設置するには、定款に代表取締役の人数を１名以上と定めておく必要がありますので、定款を見直しておきましょう。

なお、会社の実印を複数登録する場合には、社内外の混乱を招かないように、決裁規程を整備しておくべきです。また、名ばかりの代表者を選定して役員報酬を支払うと、税務調査で否認されるリスクがあることも押さえておきましょう。

(注22) 参考：山口和男『民事裁判の諸問題 13 民事判例実務研究会「株式会社の代表取締役の選任、退任と取引の安全について」』(判タ420号35頁)

✍ 複数代表制の導入に備え、定款を見直しておきましょう。

# 簡易チェックリスト

<table>
<tr><th colspan="2">主な点検項目</th><th>チェック</th><th>主なポイント</th></tr>
<tr><td rowspan="5">❶<br>デッドライン</td><td>社長の年齢と健康状態を確認したか</td><td></td><td rowspan="5">・判断能力の有無の確認<br>・対策可能期間の予測<br>・相続時精算課税制度の利用可否検討</td></tr>
<tr><td>１月１日時点で、満60歳以上か</td><td></td></tr>
<tr><td>判断能力の有無を確認したか</td><td></td></tr>
<tr><td>直近の健康診断の結果を確認したか</td><td></td></tr>
<tr><td>病歴、持病の有無を確認したか</td><td></td></tr>
<tr><td rowspan="5">❷<br>デッドライン</td><td>親族間で争いがないか確認したか</td><td></td><td rowspan="5">・推定相続人の合意を要する制度の適用可否検討<br>・事業承継の阻害要因の識別・評価</td></tr>
<tr><td>推定相続人が誰になるか確認したか</td><td></td></tr>
<tr><td>遺留分権利者が誰か確認したか</td><td></td></tr>
<tr><td>過去に親族間で争いがあったか確認したか</td><td></td></tr>
<tr><td>将来、親族間で争いが起こるか確認したか</td><td></td></tr>
<tr><td rowspan="4">❸<br>デッドライン</td><td>株主構成を確認したか</td><td></td><td rowspan="4">・所在不明な株主の確認<br>・名義株の処理<br>・通知・催告の要否検討</td></tr>
<tr><td>平成３年４月１日前に設立されたか確認したか</td><td></td></tr>
<tr><td>実質株主の認定をし、株主名簿を最新にしたか</td><td></td></tr>
<tr><td>所在不明の株主がいる場合、別途手続をしたか</td><td></td></tr>
<tr><td rowspan="4">❹<br>デッドライン</td><td>株主の年齢と健康状態を確認したか</td><td></td><td rowspan="4">・判断能力の有無の確認<br>・分散株式集約の計画立案<br>・特例承継計画の提出期限の確認<br>・相続による株式の分散リスクの検討</td></tr>
<tr><td>他の株主に対し、上記❶と同様の確認をしたか</td><td></td></tr>
<tr><td>事業承継税制の適用可否を検討したか</td><td></td></tr>
<tr><td>株式が分散するリスクを検討したか</td><td></td></tr>
<tr><td rowspan="5">❺<br>デッド(死亡)</td><td>遺言の有無を確認したか</td><td></td><td rowspan="5">・遺言書の有無の確認または作成の検討<br>・遺言の有効性の確認</td></tr>
<tr><td>社長の遺言があるか確認したか</td><td></td></tr>
<tr><td>相続人(後継者)に対する想いを確認したか</td><td></td></tr>
<tr><td>他の株主の遺言があるか確認したか</td><td></td></tr>
<tr><td>自筆証書遺言の改正論点を説明したか</td><td></td></tr>
</table>

| 主な点検項目 | | チェック | 主なポイント |
|---|---|---|---|
| ❻<br>デッド（死亡） | **会社の数字を確認したか** | | ・事業承継時の納税額予測<br>・株主の死亡に起因する事業リスクの識別・評価 |
| | 適用される税務上の株価評価方法を確認したか | | |
| | 現時点の株価（概算）・業績予測を確認したか | | |
| | 簿外資産（借地権・保険等）の確認をしたか | | |
| ❼<br>デッド（死亡） | **個人保証の有無を確認したか** | | ・連帯保証人の地位も相続することの注意喚起<br>・個人保証を外せるか検討 |
| | 簿外債務（個人保証等）の確認をしたか | | |
| | 経営者保証に関するガイドラインが活用可能か | | |
| | 保証債務も相続の対象になることを説明したか | | |
| ❽<br>デッド（死亡） | **会社が使用する社長の個人資産を確認したか** | | ・小規模宅地等の特例の適用可否検討<br>・相続発生後の事業用資産の継続使用の可否検討 |
| | 社長名義の資産の使用有無を確認したか | | |
| | 親族名義の資産の使用有無を確認したか | | |
| | 社長・親族に対する賃借料の有無を確認したか | | |
| ❾<br>デッドロック | **定款の内容を確認したか** | | ・過去の株式譲渡の有効性<br>・相続による株式分散対策の要否<br>・代表者不在時の措置検討 |
| | 株券を発行する旨の定めがないか確認したか | | |
| | 相続人等に対する売渡しの請求に関する定めの有無を確認したか | | |
| | 機動性に偏重した定めがないか確認したか | | |
| ❿<br>デッドロック | **会社の機関構成を確認したか** | | ・機関構成の確認<br>・取締役会の設置の有無 |
| | 定款・登記簿謄本を閲覧して確認したか | | |
| | 取締役会の設置の有無を確認したか | | |
| ⓫<br>デッドロック | **取締役の人数を確認したか** | | ・法律または定款に定めた取締役の人数の確認 |
| | 定款・登記簿謄本を閲覧して確認したか | | |
| | 法令に定める取締役の最低数を確認したか | | |
| ⓬<br>デッドロック | **代表者の人数を確認したか** | | ・代表者印に関する法務リスクの検討 |
| | 定款・登記簿謄本を閲覧して確認したか | | |
| | 複数代表制の要否を検討したか | | |

## 2　デッドラインの設定は、スリーステップ・ターン！

### そうだ　ステップを踏もう。

対策の必要性を感じる点検項目はありましたか？　現状把握をした後は、対策を講じる期限（デッドライン）を設定しましょう。

### 会社の状況に応じて、講じるべき対策は異なります。

もし、見知らぬ人から、「何にでも効く新薬です」といわれて、薬を渡されたら、あなたはその薬を飲みますか？　裏付けとなる証拠力（エビデンスレベル）や副作用は気になりませんか？　医師は患者の症状を見てから、治療方針を提案します。そして、患者は、その提案内容を十分に理解したうえで、治療方針に同意し、薬を飲まなければなりません。

事業承継でも同じことがいえます。会社の状況に応じて講じるべき対策は異なります。専門家に相談するときもそのことを念頭に置きましょう。

とはいえ、対策を講じるにしても、やるべきステップが多すぎると、やる気がなくなりますよね？　お気持ちはよく分かります。

### とりあえず踏んでみよう！　スリーステップ♪

まずは、次の３つのステップを踏んでみてください。

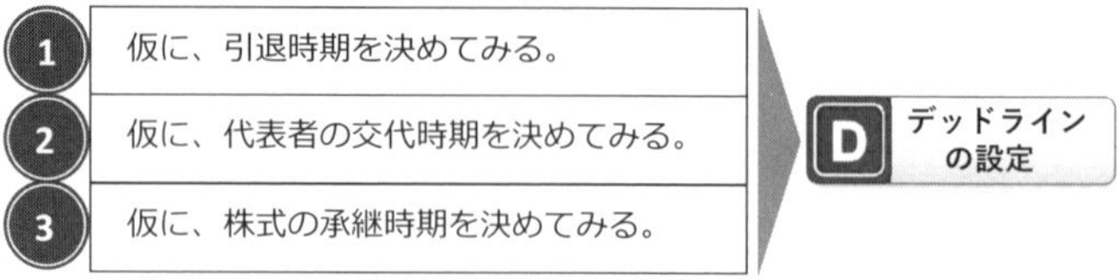

| | |
|---|---|
| 1 | 仮に、引退時期を決めてみる。 |
| 2 | 仮に、代表者の交代時期を決めてみる。 |
| 3 | 仮に、株式の承継時期を決めてみる。 |

→ D　デッドラインの設定

この３つのステップを踏むと、事業承継の計画ができてしまいます！順に①から③の時期を仮決めしてみてください。対策を講じるべき期限（デッドライン）が自然と見えてきます。ステップを踏んだらターンして、計画を見直しましょう。計画は、適宜見直すものです

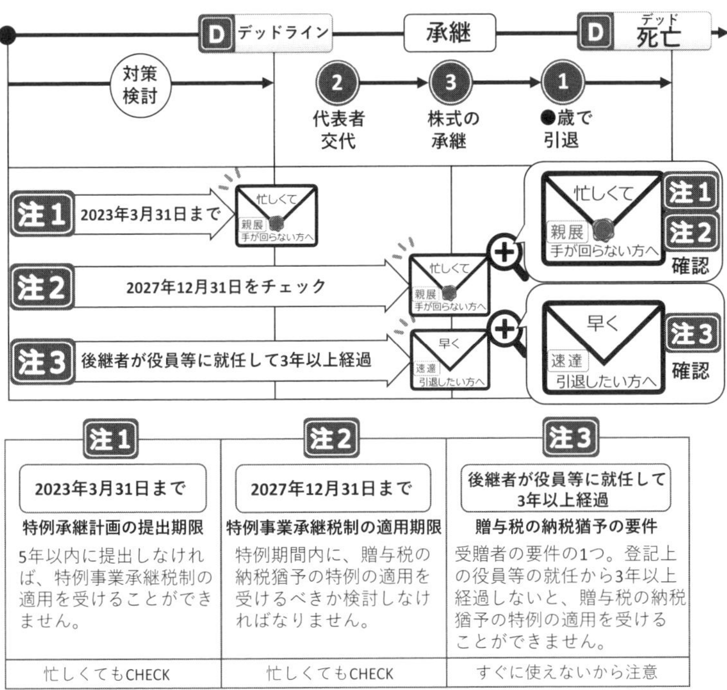


３つのステップを踏んだ後に、上の図中の手紙を見てください（忙しくて手が回らない方は、注１と注２を、お急ぎの方は、注３を確認してみてください）。

判断能力が低下する前に、各種対策をしておくことが賢明です。何かあってからでは遅いので、特例承継計画の提出と遺言書の作成はしておくとよいでしょう。なお、相続開始後８か月以内であれば、経営承継円滑化法の認定申請と同時に特例承継計画を提出することもできます。

## 特例事業承継税制の認定には遺言書が必要！

遺言書があると、相続税の納税猶予制度の適用を受けるときの手続がスムーズです。特例事業承継税制の適用を受けるには、先述した経営承継円滑化法（101頁）の認定を受ける必要があり、その必要書類として、遺言書の写しまたは遺産分割協議書の写しの提出が求められます。相続税の納税猶予の適用を受ける場合、認定申請期間内に、遺産分割協議がまとまらないことがあるかもしれませんので、生前に遺言書を作成しておきましょう。

## 自筆証書遺言の保管制度も判断能力があるうちに。

令和２年（2020年）７月10日から法務局に自筆証書遺言を保管することができますが、遺言書の保管の申請は、代理人による申請が認められず、遺言者が遺言書保管所に自ら出頭して行わなければなりません。その際、本人確認をされますが、遺言者の判断能力がないと申請を断られるでしょう。この制度を利用するにも、判断能力の有無が問題となります。

## スリーステップを踏むと、情報のアンテナが張る！

試しに、134頁に示した３つのステップを踏むと、アンテナが張り、事業承継に関する情報が自然と入ってくるようになると思います。

なお、（デッド（死亡）視点の）一般的な事業承継対策については、多くの書籍で紹介されているため割愛し、本書ではデッドロック視点の事業承継対策を中心に確認していきます。

# 3 デッドロック視点の事業承継対策

## 1 緊急事態!? ダブル・デッドロックを回避せよ！

オーナー企業の社長の多くは、会社の代表者と大株主の両面を併せ持つため、その社長が認知症で判断能力を失うと、株主総会と取締役会の決議ができないダブル・デッドロックに陥る可能性があります。本節ではデッドロック対策について確認します。

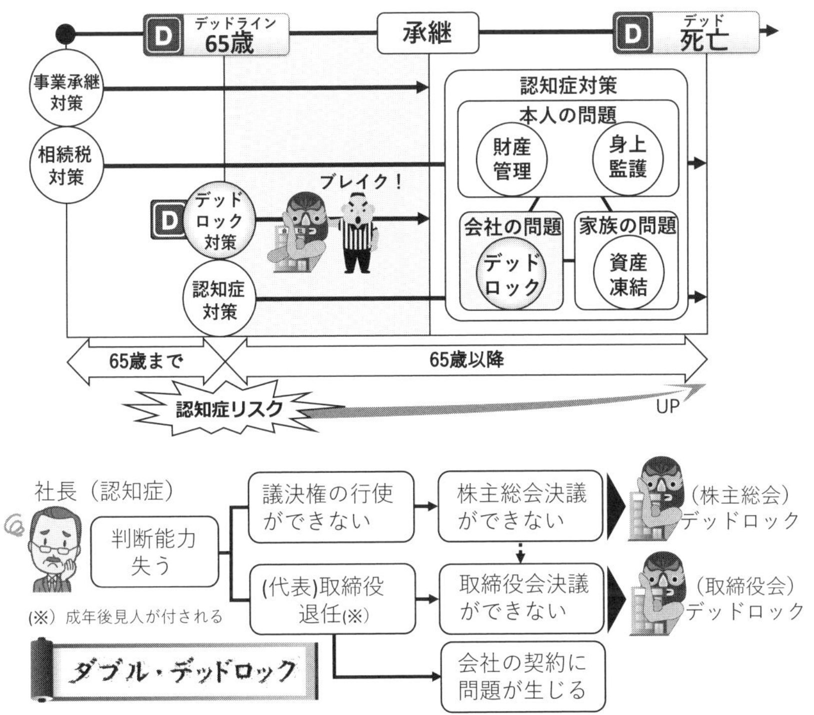

## 2　株主総会におけるデッドロック対策には、忍法を使う!?

まずは、株主総会におけるデッドロック対策から見ていくことにしましょう。株主本人の判断能力喪失が、デッドロックに陥る引き金となります。デットロックを回避するには、どのような対策が考えられるでしょうか？

### 株主総会におけるデッドロック対策に使う忍法はコレだ！

ズバリ、⑴**他者に議決権の行使を委ねる手法（忍法 分身の術）**と⑵**納税を逃れて、株主を交代する手法（忍法 変わり身の術）**を使います。

### （1）他者に議決権の行使を委ねる手法（忍法 分身の術）139～192頁

| | 手　法 | 参　照 | 分　類 | 委ねる先 | 備　考 |
|---|---|---|---|---|---|
| ❶ | 任意代理契約 | 148頁 | 任意代理 | 任意代理人 | 会社法310条２項に配慮する必要があります。 |
| ❷ | 任意後見契約 | 151頁 | | 任意後見人 | |
| ❸ | 法定後見契約 | 158頁 | 法定代理 | 法定後見人 | |
| ❹ | 民事信託 | 161頁 | 信託 | 受託者 | |
| ❺ | 商事信託 | 191頁 | | | |

**（2）納税を逃れて、株主を交代する手法（忍法 変わり身の術）193頁**

| 手法 | 参照 | 分類 | 備考 |
|---|---|---|---|
| 特例事業承継税制 | 106～111頁 | 緊急避難用 | 一代分 実質無税で承継 |

それでは、⑴他者に議決権の行使を委ねる手法から見ていきましょう。5つの各手法には、一長一短があって、会社法の規定にも配慮しなければなりません。対策を講じるときには、法律の専門家に相談しましょう。

## （1）忍法 分身の術（他者に議決権の行使を委ねる手法）

はじめに、各手法に共通する前提事項の確認を行います。

前頁に挙げた手法❶❷❸に共通するのは、代理人が、本人のために、株主総会における議決権の行使をすることです。これには、民法と会社法が密接に関係します。なぜなら、民法が本人と代理人との関係を定め、会社法が会社と株主との関係を定めているからです。

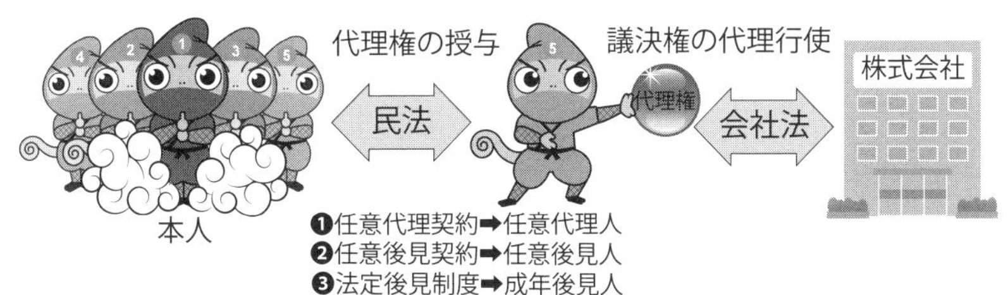


デッドロック対策として❶❷❸の手法を活用する場合には、この民法と会社法の密接な関係に配慮しなければなりません。

そして、任意代理に分類される❶❷の手法と、法定代理に分類される❸の手法では、授与される代理権に大きな違いがあります。

個々の論点を確認する前に、まずは、手法❶❷❸に共通する代理制度の基本的な構造から押さえていきましょう。

## 代理の法的構造

代理の基本的な法的構造について確認します。代理人がした意思表示が本人に帰属するためには、①代理権を有する代理人が、②代理行為をしなければなりません。

②代理行為は、「顕名（本人のためにすることを示すこと）」と「代理人の意思表示」を必要とします。そして、代理人の代理行為の効果が本人に帰属するには、本人または法律の規定が、代理人に①代理権を授与していることが前提となります。

**② 代理行為**

| | |
|---|---|
| 1 | 顕名（本人のためにすることを示すこと） |
| 2 | 代理人の意思表示 |

> 民法第99条（代理行為の要件及び効果）
> 1　代理人がその**権限内**（※）において**本人のためにすることを示して**［1］した**意思表示**［2］は、本人に対して直接にその効力を生ずる。
> (※)代理人が**代理権**を有することが前提（効果帰属要件）

## 代理の種類と相違点

代理は、任意代理と法定代理の２つに大別されます。それぞれの代理の意義を確認してみましょう。

**任意代理**　「本人から信任を受けて代理人になるのを任意代理」(注23) といいます。任意代理は、本人の意思に基づき、代理人（以下、任意代理人）に代理権を授与します。つまり、任意代理人は、本人から授与された代理権の範囲内において、代理行為をするのです。

**法定代理**　「法律の規定によって代理人が選任されるのを法定代理」(注24) といいます。

(注23)（注24）四宮和夫・能見善久『民法総則〔第９版〕』346頁（弘文堂、2018）

法定代理は、本人の意思によらず、法律の規定が代理人（以下、法定代理人）に代理権を授与し、法定代理人は、法律で定められた範囲内の代理行為をします。

成年後見人は、法定代理人に該当します。本人が判断能力を失い、意思表示ができなくても、法律の規定が成年後見人に代理権を授与しているのです。そして、成年後見人に授与される代理権の範囲は、本人の財産に関するすべての法律行為に及びます。そのため、成年後見人は、包括的な代理権を有するといわれているのです。

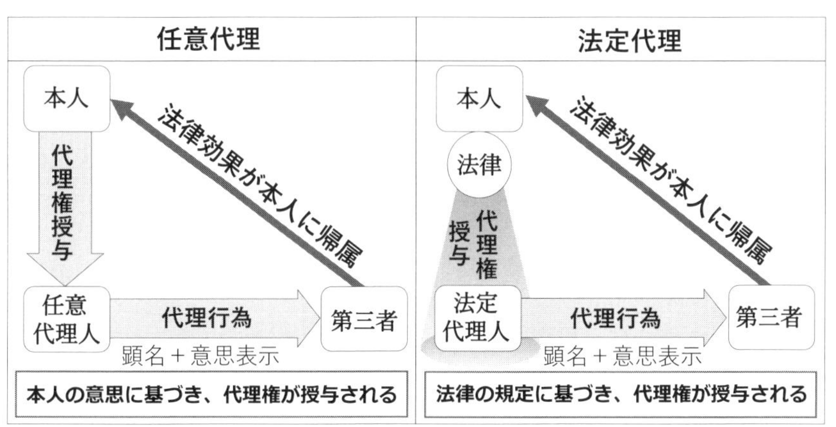


■任意代理と法定代理の主な相違点

| | 任意代理 | 法定代理 |
|---|---|---|
| 代理権の発生源 | 本人の意思 | 法律の規定 |
| 代理権の範囲 | 代理権を授与する委任等の契約で定めた範囲 | 法律が定めた範囲 |
| 本人の判断能力と代理権授与の関係 | 本人の判断能力があるときに代理権が授与される | 本人の判断能力がなくても代理権が授与される |
| 代理人 | 法定代理人以外の代理人（任意代理人、任意後見人） | 法定代理人（親権者、未成年後見人、成年後見人） |

## 委任による代理権の授与

次は、任意代理における「代理権授与」の仕方について確認しましょう。

一般に、委任契約によって代理権の授与が為されます。役所の窓口で本人の代わりに手続をするとき、委任状を求められますね？　あれは、（本人の代わりに役所の窓口に来た人が）代理権を授与されたことを証明するものです。元を正せば、委任契約により代理権が授与されています。

民法に契約自由の原則という基本原則があります。原則として、代理権を授与する委任契約の内容については、契約当事者間で自由に決めることができるとされます（内容決定の自由）。例えば、株主総会における議決権の行使について、代理権を授与する委任契約の内容は、公の秩序や強行法規に反しない限り、契約当事者間で自由に決めることができるのが原則です。

## 株主総会における議決権の代理行使

ここで、本題の株主総会における議決権の代理行使の話に戻りましょう。議決権の代理行使については、民法ではなく、会社法で定められています。次の会社法の条文を確認してみてください。

> 会社法第310条（議決権の代理行使）
> 1　株主は、代理人によってその議決権を行使することができる。この場合においては、当該株主又は代理人は、代理権を証明する書面を株式会社に提出しなければならない。（委任状のこと）
> 2　前項の代理権の授与は、株主総会ごとにしなければならない。（ここがポイントです）

議決権の代理行使をするには、代理権の授与を株主総会ごとに行い（会社法310条２項）、株主本人または代理人が、代理権を証明する書面（以下、委任状）を会社に提出しなければなりません（会社法310条１項後段）。

## 包括的な代理権の授与は認められない!?

会社法310条２項でいう代理権の授与は「開催日時や上程議案などについて特定されたある総会における議決権行使のための授権」(注25)です。

「原則として委任状はその作成後最初の総会におけるものについてのみ有効(注26)と解されています。」たとえ、代理権を授与する（民法上の）委任契約の内容を当事者間で自由に定めたとしても、会社法上、原則として、次のことは認められません。

|  | 数回の総会を通じての代理権授与 |
|---|---|
| | 数回の総会を通じての委任状 |
| | 各別の総会の委任状をあらかじめ数通同時に交付すること |

（注25）（注26）上柳克郎・鴻常夫・竹内昭夫編集代表『新版 注釈会社法（５）』192頁〔菱田政宏〕（有斐閣、1986）

ここで、問題となるのが、株主の判断能力です。株主が判断能力を失うと、株主総会ごとに代理権を授与することも、株主自ら委任状を交付することもできなくなってしまいます。つまり、株主が判断能力を失うと、それ以降、議決権の代理行使ができなくなってしまうのです。

## 会社法310条２項の趣旨

会社法310条２項の趣旨は、「現経営陣等が議決権代理行使の制度を会社支配の手段として濫用することを防止する」（江頭憲治郎『株式会社法〔第７版〕』342頁（2017、有斐閣））ことにあります。議決権の行使について、包括的（持続的）に代理権を授与することは、原則認められません。

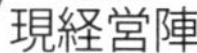

ただし、例外があります。それが常任代理人です。

## 常任代理人とは？

上場会社では、外国に居住する株主に対し、日本国内に常任代理人を選任させる旨の定めを定款等（株式取扱規則含む）に設けることが通例です。

実務慣行として、常任代理人に選任された者は、会社に常任代理人として届け出られている限り、株主総会ごとに委任状を提出しなくても、議決権の代理行使をすることが認められています。

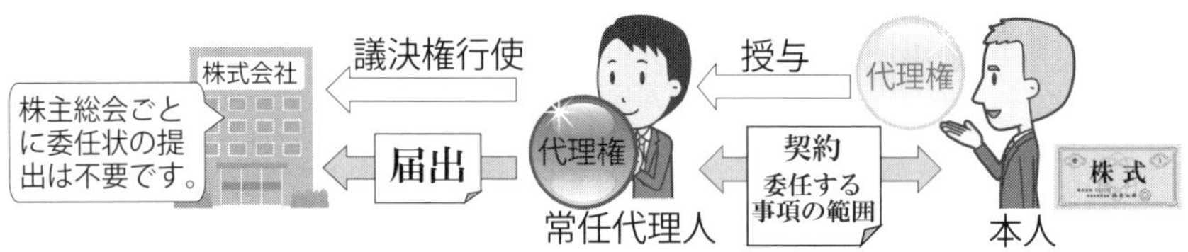


常任代理人は、次のことを理由にして、会社法310条２項（及び１項後段）に反するものではない（江頭憲治郎『株式会社法〔第７版〕』345頁（有斐閣、2017）と解されています。

- □ 議決権行使のみの代理人でないこと
- □ 現経営陣等が議決権代理行使の制度を会社支配の手段として濫用することを防止する趣旨に反しないこと

常任代理人制度を導入するにあたり、会社と株主には、次のことが求められますので、確認しておきましょう。

| | | |
|---|---|---|
| 会社 | 定款を基礎とする株主取扱規則に「常任代理人の選任」および「会社への届出」を要する内容の定めを設ける。 | 定款　株式取扱規則 |
| 株主 | 選任した常任代理人を会社に届け出る。 | 届出 → 株式会社 |

## 契約当事者間の拘束力はどこまで及ぶの？

ここで押さえておきたいことがあります。それは、当事者間の合意によって成立する契約の効力がどこまで及ぶかという点です。

株主本人が代理人に、議決権行使に関する包括的な代理権を授与することを（民法上の）委任契約により定めることもできますが、この契約の効力は、あくまで契約当事者間を拘束するもので、契約外の会社や株主との関係まで拘束するものではありません。

一方、定款に定めたことは、会社と株主（代理人含む）を拘束します。当事者間の契約の効力をもって、会社や第三者の株主を拘束するには、当事者間で合意するだけでなく、定款に定めを設ける必要があるのです。

## 株主間契約

定款に定めることのほか、株主間契約で同内容を定める方法も考えられます。株主間契約とは、「複数の株主（必ずしも、その株式会社の全株主とは限らない）が、株式会社の組織・運営に関するさまざまな事項を、定款ではなく契約で定めること」（田中 亘『会社法〔第２版〕』24頁（東京大学出版会、2018））をいいます。

「定款は当然にすべての株主を拘束するが、株主間契約は契約当事者のみを拘束し、契約外の株主を拘束しない点も異なる。このような相違から、

会社法の強行法規に反するために定款で定めることができない事項についても、株主間契約で定めることは可能である」（田中 亘『会社法〔第２版〕』24頁（東京大学出版会、2018））と解されています。

つまり、会社法310条２項に反し、定款で定めることができない事項については、株主間契約で定めることが可能であると考えられているのです。

## 会社法の規定に配慮しないとどうなるの？

たしかに、判断能力を失った社長（株主）が、議決権行使をしたことにして、株主総会議事録を作成しても、株主間で争いがなければ、問題が生じないこともあるとは思います。

しかし、会社法の規定に配慮しなかった場合のリスクは、争いが生じたときに顕在化することが多いでしょう。会社法には、罰則規定（行政上の秩序罰）として過料による制裁が定められていることに加え、判断能力がない社長の代わりに無断で株主総会議事録に押印すると、私文書偽造の罪（刑事罰）に問われることがあります（39頁）。

デッドロック対策として、任意代理による議決権行使をする場合には、会社法310条２項に配慮しなければなりません。このことを考慮に入れておきましょう。

### 参考　代理人資格を株主に限定する定款の定め

議決権の代理行使が認められる一方で、代理人資格を株主に限定する定款の定めは有効と解されています（最二小判昭和43・11・１民集22巻12号2402頁）。このとき、株主以外の第三者が、議決権の代理行使をすることはできないのでしょうか？

株主総会を荒らす危険性がない場合には、議決権を行使する代理人資格を株主に限定する旨の定款の適用はなく、株主でない第三者による議決権の代理行使を認めることが通例です。

定款
議決権の代理人資格を株主に限る旨

株主総会を
荒らす危険性がない
株主以外の第三者

ただし、株主でない弁護士が議決権の代理行使をするときは注意しましょう。代理人資格を株主に限定する定款の定めに基づき、株主でない弁護士による議決権の代理行使を認めないとした裁判例（下表1）があります。

**【代理人資格を株主に限定する定款の解釈】**

（江頭憲治郎『株式会社法〔第7版〕』343頁（有斐閣、2017））

| | |
|---|---|
| 1　特段の事情がないのに、株主が弁護士を代理人とした場合 | 定款の代理人資格制限の効果が及ぶ場合（※1）と及ばない場合（※2）がある。 |
| 2　法人である株主がその代表者の指示を受けた従業員を代理人として派遣した場合 | 定款の代理人資格制限の効果は及ばない。（最二小判昭和51・12・24民集30巻11号1076頁） |
| 3　閉鎖型タイプの会社において入院中の株主が親族に議決権代理行使を委任した場合 | 定款の代理人資格制限の効果は及ばない。（大阪高判昭和41・8・8下民17巻7-8号647頁） |

（※1）東京地判昭和57・1・26判時1052号123頁
（※2）反対に、公開会社において、株主でない弁護士による議決権の代理行使を認めた判決もあります（神戸地尼崎支判平成12・3・28判タ1028号288頁）。

ここからは、138頁に示した（1）他者に議決権行使を委ねる手法を個別に確認していきます。

## ❶ 任意代理契約

まずは、任意代理契約から見ていきましょう。

認知症対策として、財産管理等委任契約が利用されることがあります。財産管理等委任契約とは、財産管理等に関する事務について、他者に代理権を授与する民法上の委任契約をいいます。

実は、この契約も任意代理契約の一種です。任意代理契約の主な特徴を下表に示します。

| |
|---|
| □ 本人が希望する者を（任意）代理人として選任することができる。 |
| □ 本人の判断能力が低下していないときも利用できる。 |
| □ 原則として、当事者間の合意に基づき、代理権の内容等を自由に定めることができる。 |

一方で、次のような留意点があることも押さえておきましょう。

| |
|---|
| ■（契約にもよるが）代理人に対する監督機能がない。 |
| ■ 契約の効力は、第三者（会社、銀行等）に及ばず、信用力が低い。 |

それでは、任意代理契約によるデットロック対策を見ていきましょう。

### 任意代理契約によるデッドロック対策

こと株主総会における議決権行使に関しては、任意代理人に包括的な代理権を授与することを、原則として認めていません。

当事者間の合意により、株主総会における議決権の行使を代理することもできますが、その任意代理人は、委任者本人が判断能力を失うと、それ以降は代理権を授与してもらうことができなくなってしまいます。

それでも、実務では、当事者の要請によって、費用対効果の観点から、任意代理契約によりデッドロック対策を講じる場合もあるでしょう。各手法にかかる費用の目安を参考として示します。

**【各手法の主な導入費用（目安）】**

| | 専門家等報酬（※1） | その他の主な費用 |
|---|---|---|
| ❶任意代理 | 数万円～ | ・公正証書作成手数料（任意） |
| ❷任意後見 | 数万円～ | ・公正証書作成手数料（必須） |
| ❸法定後見 | 数万円～ | ・申立費用及び医師による鑑定料等 |
| ❹民事信託 | 信託財産の評価額×報酬率 | ・流通税（登録免許税（※2）、印紙税等）<br>・公正証書作成手数料（任意） |
| ❺商事信託 | 設定する信託金額×報酬率 | 信託商品による<br>（大半が金銭の信託） |

（※1）一般的に、書類作成代行業務のみを依頼するか、設計コンサルティング業務まで依頼するかによって、報酬金額が大きく異なります。表記の報酬金額については、あくまで目安です

（※2）登記・登録制度のある信託財産に課されます。契約によっては贈与税が課されます。

**【各手法の導入後にかかる主な費用（目安）】**

| | 管理報酬（専門家が財産管理をする場合を想定（※1）） |
|---|---|
| ❶任意代理 | 任意代理人に対する報酬　月額数万円 |
| ❷任意後見 | 任意後見人に対する報酬　月額数万円<br>任意後見監督人に対する報酬　月額数万円 |
| ❸法定後見 | 月額2万円～（※2） |
| ❹民事信託 | 信託契約による（営利目的で専門家が受託者となることはできない） |
| ❺商事信託 | 信託商品による |

（※1）商事信託を除き、本人の親族が財産管理をする場合は、無報酬のこともあります。

（※2）東京家庭裁判所後見センターHP「申立てにかかる費用・後見人等の報酬について」https://www.courts.go.jp/tokyo-f/saiban/kokensite/hiyou/index.html

## 株主全員と株主間契約できる!?

任意代理契約によってデッドロック対策を講じる方法として、株主全員と株主間契約を結ぶ方法が考えられます。特定の株主が判断能力を失ったときに、その株主の任意代理人に、株主総会における議決権行使に関する包括的な代理権を授与することを認めてもらうのです。

会社法310条２項に反するために定款に記載できない事項は、株主間契約で定めることが可能であると解されていますが（145頁）、株主全員と株主間契約を締結する必要があるということを押さえておきましょう。

なぜなら、株主間契約は、契約当事者の株主のみを拘束するからです。非公開会社であれば、株主全員と株主間契約を締結できる余地があるでしょう。

## 株主間契約の主な留意点

ただし、株主間契約は、債権的効力を生じさせる契約にすぎません。したがって、定款と違って、次のような留意点があることも押さえておきましょう。

| |
|---|
| ■ 契約した既存株主のみを拘束し、将来株主まで拘束しない。 |
| ■ 契約に違反して議決権が行使されても、当該株主の意思による行使である以上その効力に影響がない（契約違反者に損害賠償義務が発生するのみ）とする見解が有力である。<br>（江頭憲治郎『株式会社法〔第７版〕』339頁（有斐閣、2017）） |

## ❷ 任意後見契約

次は、任意後見契約について、見ていきましょう。任意後見契約は、「任意代理の委任契約の一類型」（小林昭彦・大門匡・岩井伸晃編著『新成年後見制度の解説〔改定版〕』233頁（一般社団法人金融財政事情研究会、2017））です。

先述の任意代理契約との相違点はどこにあるでしょうか？　次の3つの主な相違点を押さえましょう。

| 1 | 公正証書にすることが必須 |
|---|---|
| 2 | 家庭裁判所が関与する |
| 3 | 法務局で登記される |

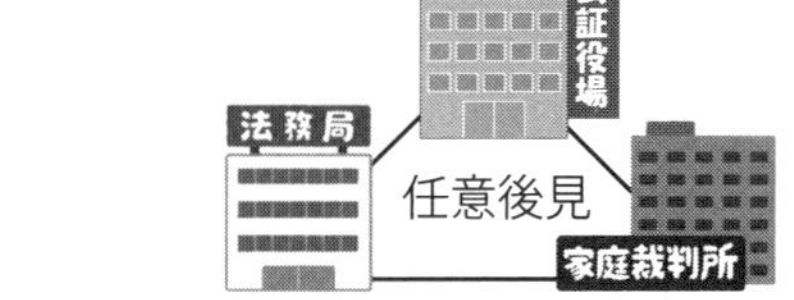


任意後見契約は、「任意後見契約に関する法律」に基づき、必ず公正証書にします。任意後見契約作成の大まかな流れは次のとおりです。

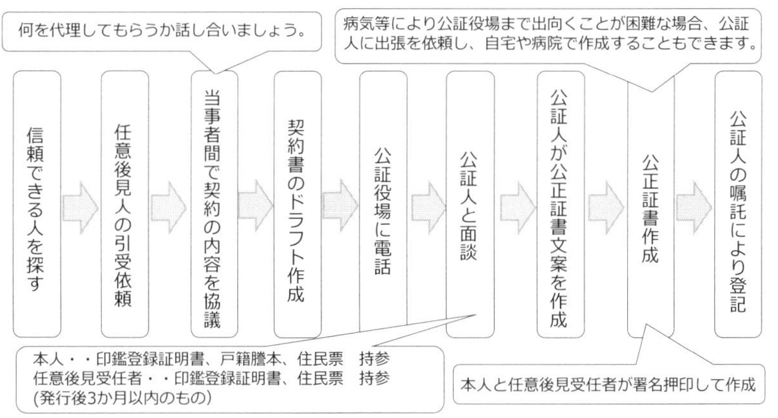


### 任意後見契約の効力の発生時期はいつ？

任意後見契約の効力発生時期に注意しましょう。契約を締結したときに効力は生じません。任意後見契約の効力を生じさせる（発効させる）には、本人の判断能力が低下してから、家庭裁判所に「任意後見監督人の選任の申立て」を行う必要があります。なお、申立人は本人、配偶者、四親等内の親族、任意後見受任者に限られています。

つまり、任意後見監督人が付される前の「任意後見受任者」(将来、任意後見人になる者)には、代理権が授与されていないのです。家庭裁判所が任意後見監督人を選任してから、任意後見受任者に代理権が授与され、「任意後見人」として契約に定められた代理行為をします。

## 任意代理契約の短所をカバー!?

任意後見契約は、先述の任意代理契約の短所をカバーします。任意後見監督人が付されることで、代理人(任意後見人)に対する監督機能が付されます。

加えて、任意後見契約は、登記されます。法務局が発行する登記事項証明書が代理権を証明する書面としての役割を果たし、代理人(任意後見人)の対外的な信用力が増すでしょう。

## 任意後見制度の主な留意点

ここで、任意後見制度の主な留意点を整理しておきましょう。

| |
|---|
| ■ 任意後見受任者に代理権は授与されていない(先述)。 |
| ■ 任意後見人に取消権はない。 |
| ■ 任意後見人に授与される代理権の範囲は、契約の内容による。 |

任意後見人は、成年後見人と違って、取消権(31頁)がありません。また、任意後見人に授与される代理権の範囲は、基本的に、任意後見契約に規定された行為に限定されます。それでは、任意後見人は判断能力を失った本人のために株主総会における議決権の代理行使をすることはできるのでしょうか?

## 任意後見契約によるデッドロック対策

任意後見人であるからといって、当然に議決権の代理行使ができるわけではありません。任意後見人による議決権の代理行使の可否は、「任意後見契約の内容による」（金子登志雄監修，立花宏著『商業登記実務から見た中小企業の株主総会・取締役会』54頁（中央経済社、2017））と解されています。したがって、デッドロック対策として、任意後見契約を利用する場合、下表の①から④のような措置を講じることを検討すべきです。法解釈を伴うため、法律の専門家に相談しましょう。

■デッドロック対策としての任意後見契約について検討すべき措置

| | |
|---|---|
| ① | 任意後見契約における代理権目録に、株主権（議決権含む）の行使に関する内容を明記する。 |
| ② | 定款に基礎を置く株式取扱規則に、任意後見人による議決権行使に関する定めを設ける等の措置を講じる。 |
| ③ | 議決権の代理行使をする任意後見人を会社に届け出る。 |
| ④ | 会社法310条２項の趣旨に反することなく、他の株主に対して中立的な議決権行使に留める。 |

## 任意後見人に授与する代理権の範囲は、明確にね！

任意後見契約の作成上、代理権の範囲の設定がとても重要になります。

任意後見契約は、「任意後見契約に関する法律第３条の規定による証書の様式に関する省令」に従って、次表に示す附録第１号様式と附録第２号様式のいずれかの様式の公正証書により作成することが必須となります。

| | |
|---|---|
| 附録第１号様式 | 代理権目録の雛型に網羅的に挙げられた法律行為のうち、チェックのある法律行為のみ代理権を授与する方式 |
| 附録第２号方式 | 授与する代理権の範囲を代理権目録に記載する方式 |

その趣旨は、「法務省令で定める様式に従って、任意後見契約の公正証

書に任意後見人が代理権を行うべき事務の範囲が明確に特定して記載され、また、それによって登記事項証明書に任意後見人の代理権の範囲（対象行為）が正確に記載されることを制度的に担保する」（小林昭彦・大門匡・岩井伸晃編著『新成年後見制度の解説〔改定版〕』245頁（一般社団法人金融財政事情研究会、2017））ことです。

さらに、任意後見契約は登記されます。仮に、法律関係が曖昧なまま登記されると、登記を利用する第三者に無用の混乱をもたらし、結果として任意後見人と取引をする第三者を害することになりかねません。任意後見人の代理権の範囲を明確に特定することが制度的に求められるのです。

## 任意後見契約は、契約本文すべてが登記事項ではない！

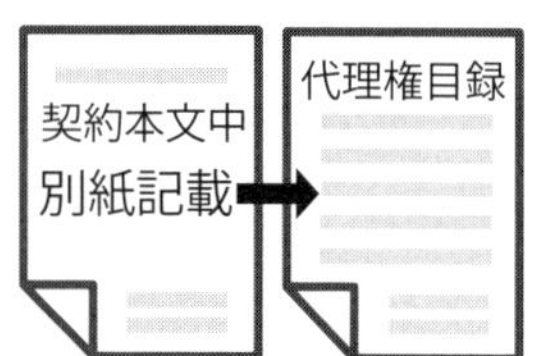


任意後見契約の作成上、代理権を授与する法律行為は、契約本文中ではなく、別紙の「代理権目録」に、明記します。

代理権目録に記載できる事項は、任意後見契約に関する法律２条１項に従い、本人の「財産管理に関する法律行為と身上監護に関する法律行為」（新井誠・赤沼康弘・大貫正男編『成年後見制度―法の理論と実務〔第２版〕』185頁（有斐閣、2014））に限られるため、代理権目録に記載できない事実行為（例：現実の介護行為）を代理権目録に記載しても、公証人または法務局に削除するよう求められるでしょう。

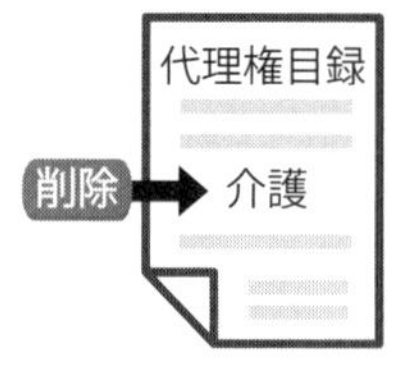


代理権目録に記載できない行為を契約本文中に記載して代理権を授与する方法を採ることも考えられますが、契約本文すべてが登記されるわけではありません。契約当事者以外の第三者は、任意後見契約の本文に記載された内容すべてを登記から確認することはできないことも押さえておきましょう。

任意後見人による株主総会における議決権の代理行使の可否については、

複数の法律をまたぐ論点が生じ、法解釈を伴います。デッドロック対策として、任意後見契約を利用する場合には、その旨を公証人に伝えて、任意後見契約を作成しましょう。任意後見契約の作成であれば、最寄りの公証役場だけではなく、全国どこの公証役場でも対応してもらえるはずです。

## 任意後見人による議決権の代理行使と会社法310条2項の関係

任意後見人による議決権の代理行使について、会社法310条２項の規制はどう影響するでしょうか？

「常任代理人の制度が認められるのと同様の理由で問題ない」（金子登志雄監修，立花宏著『商業登記実務から見た中小企業の株主総会・取締役会』54頁（中央経済社、2017））と考えられています。常任代理人が認められる２つの理由を再び示します。

| □ 議決権行使のみの代理人でないこと |
|---|
| □ 現経営陣等が議決権代理行使の制度を会社支配の手段として濫用することを防止する趣旨に反しないこと |

「議決権行使のみの代理人でないこと」とは、常任代理人が「議決権の行使そのことについていわば特定的代理人でなく、株主としての権利義務全体についていわば包括的な代理人ないし株主の身替り的なもの」(注27)であって、「会社に届けられている場合」(注28)をいいます。

(注27)（注28）上柳克郎・鴻常夫・竹内昭夫編集代表，菱田政宏著『新版注釈会社法（５）株式会社の機関（１）』192頁（有斐閣、1986）

本来的には、単に任意後見契約の代理権目録に、「議決権の行使」のみ記載するのではなく、「株主権(注29)の行使」または「株主的権利(注30)の行使」と記載し、会社に届け出ることが求められるでしょう。

(注29)「株主権とは、会社に対して株主が有する権利をいう」（赤沼康弘・土肥尚子『事例解説 成年後見の実務』102頁（青林書院、2016））

(注30) 株主的権利とは、「株主が株主としての地位に基づき会社に対して有する諸権利」（青竹正一『新会社法〔第４版〕』87頁（信山社、2015））

## 会社と任意後見人との法律関係を整理しておきましょう。

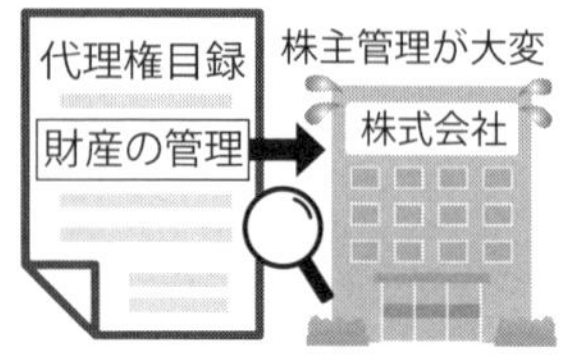


任意後見人による議決権の代理行使の可否については、会社側に法解釈を求められる場面があるかもしれません。例えば、代理権目録に、株主権の行使に関する記載がなく、「財産の管理」と包括的に記載されている場合、その任意後見人による議決権の代理行使を認めるべきか判断に迷うでしょう。

議決権の行使が管理行為に該当するかについて、様々な見解があります。

本件と状態を異にしますが、原則として、管理行為に当たると解された準共有株式の議決権の行使ですら、「特段の事情がある場合には、例外的に、議決権の行使は変更ないし処分行為に当たる」（伊澤大介『準共有株式の権利行使をめぐる諸問題－最判平成27年２月19日民集69巻１号25頁の検討を中心として－』（判タ1443号15頁））と解されているのです。

もっとも、任意後見契約を作成した公証役場に問い合わせる等の対応を会社側ですることも考えられますが、そうした都度発生する株主管理事務を常に会社側に負わせるのは酷だと思います。

任意後見人に授与された代理権の範囲の特定を、契約当事者でない第三者（会社）の法解釈に委ねるべきではありません。153頁に示した措置を参考にして、任意後見人と会社との関係を整理しておくとよいでしょう。

## 取締役の欠格事由に該当しない！

任意後見契約に関する他の論点にも少し触れておきます。

取締役である社長に任意後見人が付されても、取締役の欠格事由に該当しません。また、委任の終了事由である「後見開始の審判」は、法定後見制度に関することですので、任意後見は該当しません。

なお、任意後見契約は、他の認知症対策の手法と併用されることがあります。例えば、161頁以降で確認する民事信託には、身上監護の機能がないといわれ（実務上、本人の身近に子がいる場合等、身上監護の問題が生じない場合もありますが）、身上監護の機能を任意後見契約でカバーする意図をもって、民事信託と併用されることもあります。

## 任意後見制度に関係する悪質な犯罪行為にご注意ください（注31）

上記は、東京都福祉保健局が注意喚起していることです。任意後見受任者が任意後見契約を発効させず、判断能力が低下した本人の財産を侵害する等の被害が社会問題になっています。

こうした事実を知らないことにリスクがあるということです。不安を煽るつもりはありません。本人の身近に子がいるため、詐欺に合うリスクが少ない等、各々置かれた状況が異なるはずです。本人の利益のために適する手法を十分に検討していただきたいです。

（注31）東京都福祉保健局HP「成年後見活用あんしん生活創造事業」https://www.fukushihoken.metro.tokyo.jp/kiban/sodan/kouken/kouken_kakki.html

## 任意後見受任者との信頼関係

知らないことが仇となり、長所が短所に裏返ることがあります。

「任意後見人を自分で選ぶことができる」という任意後見制度の特徴を生かすには、しっかりと信頼できる者を任意後見受任者として選ぶことが大切です。結局のところ、自分の身は自分で守るということですね。

## ❸ 法定後見制度

続いては、法定後見制度によるデッドロック対策を見ていきましょう。成年後見人には、本人の財産に関するすべての法律行為について包括的代理権が与えられていますので、株主総会における議決権の代理行使ができるとされています（参考文献：赤沼康弘・土肥尚子『事例解説 成年後見の実務』102-104頁（青林書店、2016））が、会社法310条２項の規制はどう影響するでしょうか？

実は、会社法310条２項の規制は、「制限行為能力者の法定代理人には、無関係である」（酒巻俊雄・龍田節編集代表『逐条解説 会社法第４巻・機関１』136頁〔浜田道代〕（中央経済社、2008））と解されています。

民法では、未成年者、成年被後見人、被保佐人及び被補助人を総称して制限行為能力者といいます。つまり、会社法310条２項の規制は、成年被後見人の法定代理人である成年後見人には、無関係であると解されているのです。

成年後見人であれば、株主総会ごとに委任状の提出が不要ということになりますが、会社に対して何も手続しなくてよいのでしょうか？

### 株主本人の法定代理人であることを会社に届け出た？

成年後見人が株主総会における議決権の代理行使をする場合には、事前に本人の法定代理人であることを会社に届け出ておきましょう。

たしかに、成年後見人は登記されるため、会社側で登記を確認すれば、株主に付された成年後見人を特定することはできますが、定款に基礎を置く株式取扱規則等により、株主の法定代理人を会社に届け出るよう求めている会社が多いでしょう。

これは、「法定代理人や法人の代表者は、あらかじめ届け出されていない限り、議決権行使に際して、権限を証する書面を提出しなければならず」（加藤修『議決権代理行使の研究』72頁（慶應義塾大学法学研究会、1982））とする見解があることに配慮するものだと思います。かような見解にも配慮して、後々の争いが生じないように予防線を張っておくことが肝要です。



## 議決権の代理行使をする場面で迷ったら、連絡票を利用する！

成年後見人による議決権の代理行使について、「紛争（親族間で経営を巡る争い）がある場合には、成年後見人は中立の立場を堅持すべきであろう」（山本陽一『成年後見人の職務についての若干の考察』（判タ1359号50頁）という見解がありますが、判断に迷うときもあるでしょう。

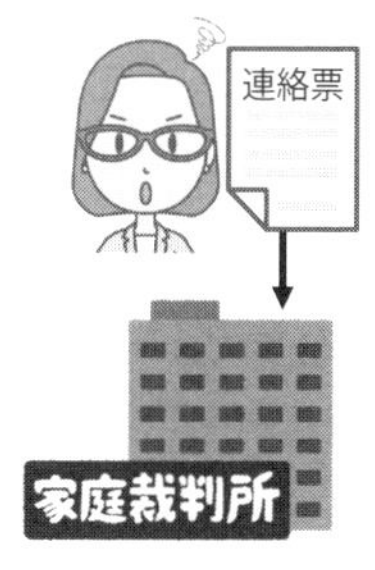


そのようなときは、適宜、家庭裁判所の連絡票を利用しましょう。議決権行使の方針を連絡票に記載して、担当書記官宛てに送付します。家庭裁判所として、不明点や問題点などがあれば、成年後見人に連絡が入ります。東京家庭裁判所では、送付を受けてから２週間以内に連絡がなければ、その方針で進めて差し支えないとしています。

## 予防が大事！　証拠収集！　事実確認！

法解釈を伴う論点があれば、争いが生じたとき弱い立場にならないように、裁判官の事実認定に資する証拠を収集しておくとよいでしょう。

例えば、成年後見人による議決権の代理行使の方針を株主総会の承認議案とし、承認を得た事実を株主総会議事録に記録しておくことも一定の証拠になると思います。

## COLUMN

### 豊臣秀吉は、後見人の選定を誤った？

事業承継のセミナーに参加すると、戦国武将のたとえ話を聞くことがあると思います。ところが、事業承継のセミナーを依頼されても、戦国武将の話ができない残念な講師がいるそうです。…すみません。筆者のことです。

筆者は、高校時代に世界史を選択していたため、日本史に精通していません。戦国武将について、細かい質問をされても答えられないでしょう。ただ、武田信玄とは、よく甲府駅の前で会っています（銅像です）。そんな筆者でさえ、江戸幕府と豊臣家が戦った大阪の陣のことは知っています。大阪夏の陣で大阪城が陥落し、豊臣秀吉の実子である豊臣秀頼が、最後のときを迎えることになりました。

秀頼は、秀吉が57歳（数え年）のときに生まれた子です。当時は、人間50年という時代。秀吉は、自分に残された時間がほとんどないことを悟り、愛する我が子の行く末を案じ、頭を悩ませていたことでしょう。

秀頼は、若くして婚約しています。若いといっても、生後２か月のときです[(注32)]。現代では、結婚相手のトリセツ（取扱説明書）が必要になるようですが、生後２か月で、トリセツを渡されても、理解不能でしょう。

秀吉は、遺言も残しています。その遺言には、「返々（かえすがえす）秀より（頼）事たの（頼）ミ申候（もうしそうろう）」[(注33)]と秀頼のことをひたすら案ずる内容が書いてあったそうです。そして、秀吉は、まだ幼い秀頼の後見人[(注34)]として、あの徳川家康を選びました。結局のところ、秀頼は、後見人であった徳川家康に自害させられてしまいます。

歴史は繰り返されるのでしょうか？　いつの時代も、誰を後見人にすべきか、慎重に検討しなければなりません。

（注32）（注33）（注34）福田千鶴「豊臣秀頼」順に37頁、63頁、85頁（吉川弘文館、2014）

## ❹ 民事信託

株主総会における議決権の代理行使について、株主総会ごとに代理権を授与することが求められるのは、株式の名義が本人のままだからです。

株式の名義を他者に移転して、その他者に議決権の行使を委ねることができれば、株主総会ごとに代理権を授与する必要はないと考えることもできるでしょう。

実は、財産の名義を他者に移転して行う財産管理の手法があります。それが、信託です。まずは、信託の基本的な仕組みを押さえましょう。

**戦国時代にタイムスリップしてイメージしてみよう！**

「人間五十年…夢幻の如くなり」

「わしの財産をそなたに託す、姫のことを頼んだぞ」

いつの時代も、自分の身に、もしものことがあったとき、大切な人の行く末を案ずることがあるでしょう。

そうしたときに活用されるのが信託という財産管理制度です。「信託に関する私法上の法律関係の通則を定めた基本法」（寺本昌広『逐条解説 新しい信託法』25頁（商事法務、2007））を（新）信託法といいます。

## 大切な人のために行う財産管理制度、それが信託！

唐突ですが、ここで、２つ質問です。

「あなたにとって、いちばん大切な人は誰ですか？」その人が笑うだけで、あなたが幸せな気持ちになる。そのような人があなたにとって、大切な人なのでしょう。自分が大切だということでも構いません（後述186頁）。

２つ目の質問です。「あなたに、もしものことがあったとき、あなたのいちばん大切な人は、今までどおり笑って暮らしていけますか？」

信託は、あなたの大切な人（受益者）のために行う財産管理制度(注35)です。一定の目的を定めて、あなたの財産を信頼できる者（受託者）に移転して、あなたの大切な人（受益者）のために、管理または処分等してもらいます。

（注35）受益者のための財産管理制度（寺本昌広『逐条解説 新しい信託法』13頁（商事法務、2007））

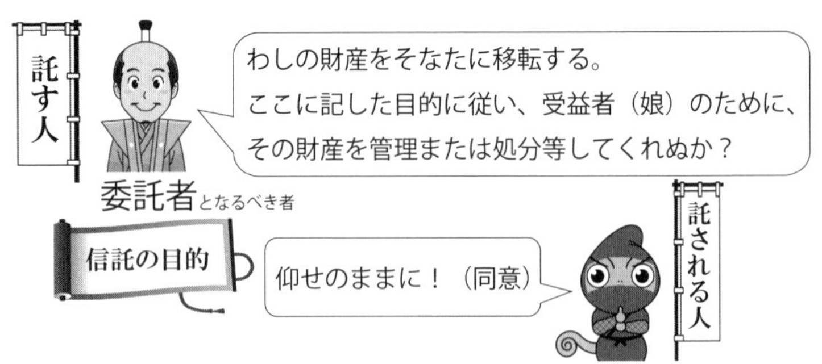


信託は少し特殊な財産管理制度になりますので、148頁で先述した財産管理等委任契約と比較をしながら、イメージを掴むことから始めましょう。

## 財産管理等委任契約と信託の大きな違い

財産管理等委任契約と信託は、財産管理の手法という点では同じですが、信託は、「財産を移転して行う財産管理制度」（神田秀樹・折原誠『信託法講義〔第２版〕』３頁（弘文堂、2019））です。

管理対象となる財産の所有権と名義は、財産管理等委任契約では本人に帰属したままですが、信託では他者に移転する点が大きく異なります。

なお、所有権のくわしい内容については、後述しますので、ここでは、物の「所有権」をもっている人が、その物の「所有者」であると押さえてください。それでは、財産管理等委任契約から見ていきましょう。

## 財産管理等委任契約

万が一のことに備えて、早めに財産を贈与しておこうと考える方もいるかと思います。贈与契約が成立すると、贈与財産の所有権は、贈与を受けた者（受贈者）に移転します。

しかし、贈与を受けた財産を自分で管理できないこともあるでしょう。

そうしたときの対策として、財産管理等委任契約を締結し、委任者の財産の管理等を受任者が代理人として行うことが考えられます。

第３章 これからの事業承継対策は、3D対応で！

財産管理等委任契約では、本人（委任者）の財産の所有権と名義が移転していない点に着目してください。代理人（受任者）は、委任契約等により授与された代理権の範囲内で、本人のために財産管理等を行います。

次は、信託です。まずは、信託の仕組みを押さえましょう。

## 信託の仕組み

信託は、「委託者が、信託する目的（「信託目的」または「信託の目的」という）を定めて財産を受託者に移転し、受託者は、その財産を信託財産として信託目的に従い受益者のために管理または処分等を行う。受益者は、信託財産を裏付けとする受益権を取得して、信託の利益を享受する」（注36）仕組みになっています。

（注36）神田秀樹・折原誠『信託法講義〔第２版〕』１頁（弘文堂、2019））

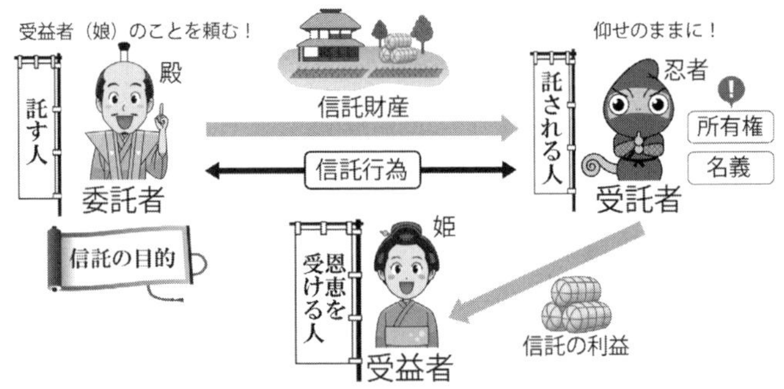


**専門用語**

| | |
|---|---|
| 信託の設定 | 信託関係を成立させること（能美善久『現代信託法』16頁（有斐閣、2004）） |
| 信託行為 | 信託を設定するための法律行為（神田秀樹・折原誠『信託法講義〔第２版〕』２頁（弘文堂、2019）） |
| 信託行為の類型 | ①信託契約、②遺言、③信託宣言による方法 |

本書では、信託契約の締結による方法を前提として説明をしていきます。

## 信託には、委託者、受託者、受益者の三者が登場します！

信託の登場人物を主役、脇役、ちょい役の順に紹介していきます。

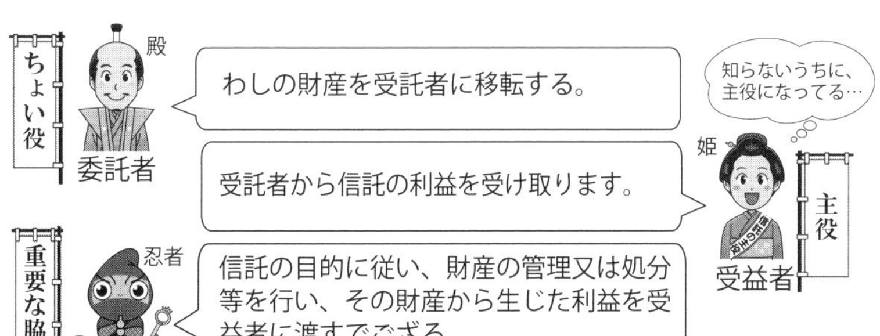


※ここからは、イラストの（殿）（姫）（忍者）を括弧書きにして、説明していきます。

**受益者** 信託は、受益者（姫）のための財産管理制度ですので、受益者（姫）が信託の主役となります。「いつの間にか主役になっていた…」こうした受益者（姫）の心情は、法律関係にも現れます。受益者（姫）は、信託の設定時に必要不可欠な存在ではありませんが、信託の利益は受け取ります。

**受託者** 一方、信託の成功の鍵を握るのが、受託者（忍者）です。受託者（忍者）は、信託の目的に従い、受益者（姫）のために、信託財産の管理または処分等を行い、信託の利益を受益者（姫）に渡します。信託の主役を立てる重要な脇役といえるでしょう。

**委託者** 最後に、委託者（殿）です。信託は、委託者（殿）の想いをカタチにするものですので、信託設定の場面では、委託者は不可欠な存在です。しかし、そのまま信託の主役になるかと思いきや、信託を設定し終わると、舞台袖に消えてしまいます。「理論的に考えても、信託が成立してしまえば、委託者はもはや不可欠の存在ではない」（道垣内弘人『信託法（現代民法別巻）』381頁（有斐閣、2017））とされています。委託者は、端役（通称、ちょい役）のようですね。

## 信託と代理の主な相違点

ここで、信託と委任による代理の主な相違点を整理しておきましょう。

| | 信託（信託法） | 代理（民法） |
|---|---|---|
| 管理対象財産の所有権 | 受託者に移転 | 本人のまま |
| 管理対象財産の名義 | 受託者に移転 | 本人のまま |
| 管理対象財産の帰属先 | 受託者に属するが、「いずれにも属しない財産」（※1）のようになる | 本人に属する |
| 財産管理等をする者 | 受託者のみ | 本人及び代理人 |
| 効力（※2）の帰属先 | 信託財産に帰属 | 本人に直接帰属 |
| 本人（または委託者）死亡 | 本来的には終了しない | 本来的には終了 |

（※1）神田秀樹・折原誠『信託法講義〔第2版〕』4頁（弘文堂、2019）
（※2）受託者または代理人の権限内の行為を前提としています。

表の「代理（民法）」の列を見てください。「本人」ばかり登場していますが、信託の列には、「本人」が登場していません。信託の列をよく見ると、「受託者」と「財産」が頻出していますね。

この表から、信託が成立すると、「本人（委託者）が登場（関与）しなくなるのかな？」「信託財産は、受託者のものになりそうだけど、誰にも属しない財産になるの？」といったことを読み取っていただけたら幸いです。

上記表の信託（信託法）の列から、管理対象財産の「所有権」と「名義」が受託者に移転すると読み取れるので、「信託を設定すると、自分の財産を受託者に贈与することになるのかも」と心配になられた方もいるかと思います。安心してください。信託は、あくまで他者に財産管理を委ねる制度です。贈与するわけではありません。

民法で定められている所有権の内容について、少し確認しましょう。

## 受託者の所有権は絶対じゃない!?

民法は、物を直接的かつ排他的に支配する権利を「物権」としました。その物権の典型とされるのが、「所有権」です。所有権は、物を全面的に支配する権利といわれます。

しかし、信託財産の所有権は受託者にあるはずなのに、その信託財産を自分の意思で好き勝手に支配することができません。信託財産の管理または処分等について、第三者から指図を受けることもあります。

信託財産の所有権は、どこか異質な気がしてきますよね。改めて所有権の内容を確認してみましょう。

## 所有権の中身を覗いてみましょう！

民法では、所有権の内容を、法令の制限内において、自由にその所有物の「使用」、「収益」、「処分」をする権利としています。（法令の制限内という条件が付きますが）所有権をもつと、他者に妨げられることなく、その物を好き勝手にできるイメージがもてると思います。

- 使用：物の用法に従い、物を損傷し、またはその本質を変更しないで使うことである（注37）。
- 収益：物の果実を収取することである。天然果実であるか、法定果実であるかを問わない（注38）。
- 処分：物を損傷し、性質を変ずるなどの物質的処分と、他人に譲渡するなどの取引上の処分とを含む（注39）。

（注37）（注38）（注39）我妻榮ほか『我妻・有泉コンメンタール 民法総則・物権・債権〔第5版〕』432頁（日本評論社、2018）

信託では、信託財産の実質所有者が受託者（忍者）とは別にいるような不思議な状態になります。

### 信託の注目ポイント3つ！

信託が成立したときに、注目すべき３つのポイントを整理しましょう。

| | |
|---|---|
| ❶ | 信託財産の「所有権」と「名義」は、受託者が有する。 |
| ❷ | 受益者は、受託者に対して、（特別な）債権 (注40) を有する。 |
| ❸ | 信託財産は、「いずれにも属しない財産」のようになる。 |

（注40）受益権といい、「信託法によって規定された（特別な）債権」として捉えるべきである」（新井誠『信託法〔第４版〕』65頁（有斐閣、2014））と考えられています。

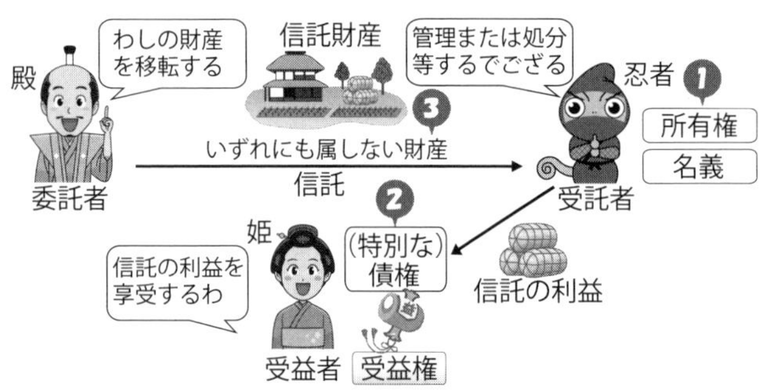


❶　財産を移転し、他者に財産管理等を委ねる点が信託の特徴です。信託財産の「所有権」と「名義」は、受託者が有します。しかし、受託者は、信託財産を自由に支配することはできません。自己の利益のためでなく、あくまでも他者のために、信託財産の管理または処分等を行います。

❷　受益者は、受託者に対して、「受益権」という債権を有し、受益者は受託者から「信託の利益」を受け取ります。受益権は「単なる債権ではない」（樋口範雄『入門・信託と信託法〔第２版〕』12頁（弘文堂、2014））ともいわれます。

❸「信託財産は、あたかも委託者（殿）、受託者（忍者）および受益者

（姫）のいずれにも属しない財産（nobody's property）のようになる」（神田秀樹・折原誠『信託法講義〔第２版〕』４頁（弘文堂、2019））といわれます。

つまり、信託財産には、独立性（または倒産隔離機能）が認められているのです。信託法に定められた諸規定には、民法を基に考えても説明しきれない特殊性があるがゆえに、信託には様々な機能があるとされるのでしょう。

### いずれにも属しない財産

いずれにも属しないといわれる信託財産は、仮に、委託者（殿）及び受託者（忍者）が破産手続開始の決定を受けたとしても、信託行為に別段の定めがない限り、破産財団に属することなく、保護されます。

また、受益者（姫）についても、信託財産の所有者ではないことから、信託財産は受益者にも属しない財産といわれます。

信託財産は、受託者の判断により管理または処分等が行われます。このとき、受託者の判断基準となるものが、「信託の目的」です。

委託者が死亡または判断能力を喪失しても、信託行為に別段の定めがない限り、信託が終了することはありません。受託者は「信託の目的」に拘束されながら、信託財産の管理または処分等を行っていきます。

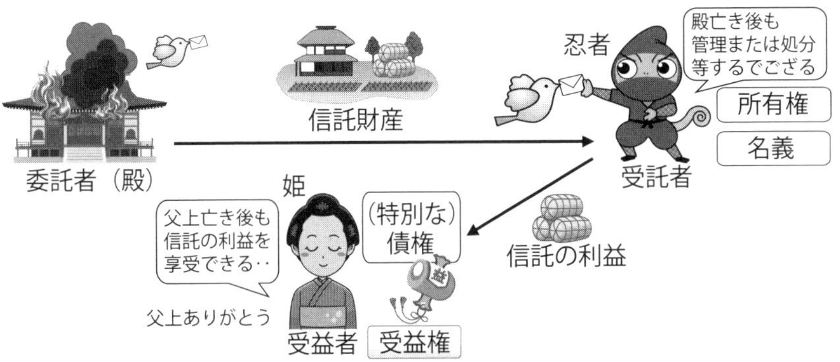

## 受益権には、倒産隔離機能が働かない!?

たしかに、受益者が破産手続開始の決定を受けても、信託財産は保護されますが、受益者が有する受益権は、破産財団に属することとなり、換価処分を経て、債権者に弁済されることになります。信託法は、受益権を有する者を受益者と定義します。受益権が破産財産に属することになれば、破産した受益者は、信託の主役を降板となります。

## 信託を利用して弁済を免れることができる?

委託者が信託を利用して、債権者に対する弁済を免れようとしても、債権者は、受託者を被告として、その信託の取消しを裁判所に請求できるとされています（詐害信託）。

また、受託者が破産開始決定を受けた場合には、自動的に受託者の任務が終了します。次の受託者が見つからず１年が経過すると、信託行為に別段の定めがない限り、信託は終了します。すると、いずれにも属しないように思えた信託財産が、清算手続を経て、所定の者に属する財産となってしまいます（後述184頁）。信託には、様々な機能があるといわれますが、何でもできるというわけではありません。

さて、ここから、信託を物語にしてご説明します。物語を通じて、信託の理解が深まりましたら幸いです。それでは始めましょう。

**信託の物語** 「時を超える信長の想い」

天下統一を目前にして、殿が所有する財産を忠臣である忍者に託そうとしています。信託を設定する場面に、委託者となるべき者（殿）と受託者となるべき者（忍者）はいますが、受益者（姫）の姿はありません。

信託契約は、委託者と受託者の二者間で締結されるのです。知らないうちに受益者に指定されていることもあるでしょう。

「委託者（殿）の心、受益者（姫）知らず」いつの時代も大切な人を想う気持ちは、直接的に伝わらないものです。

## 受託者は信託の成功の鍵を握る存在

受託者となるべき者（忍者）は、委託者となるべき者（殿）の想いを聞き入れ、差し出された「千両箱」とその「鍵」を受け取りました。

（あくまでイメージです。信託設定時に実際に鍵を受け取るわけではありません。）

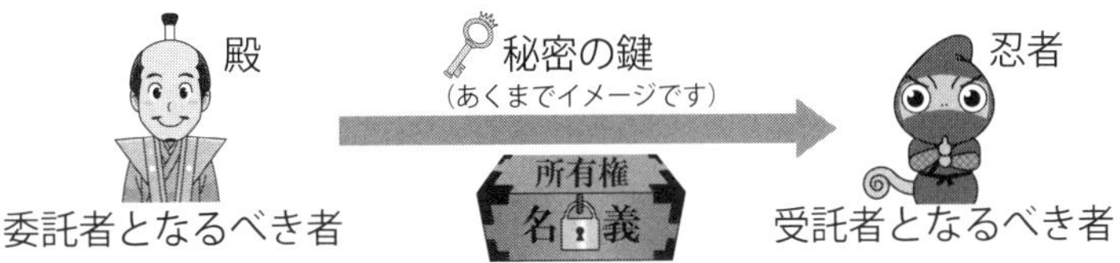

この鍵は、委託者となるべき者（殿）が有する財産の「所有権」についている鍵です。所有者のみに保持することが許され、基本的に、誰かに渡すことはありません。所有者が秘匿して管理している鍵だと思ってください。

左のイラストの「千両箱」が「名義」、千両箱の中に入っている３つの「小判」が所有権の「権利の内容」を表しています。

## 開けてびっくり千両箱

「忠臣であるそなたにしか頼めぬ。姫のことを頼んだぞ」

「仰せのままに」

殿と忍者で信託契約を結ぶとき、忍者は、殿から受け取った秘密の鍵を使って、千両箱の蓋を開けました。

「何事でござるか？」

一体どうしたことでしょう。箱の中から白い煙が立ち上りました。

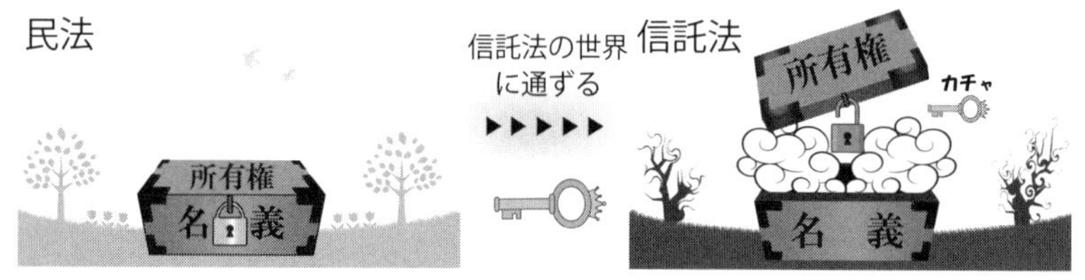


千両箱の中には、小判（所有権の権利）が入っているはずです。煙に巻かれながら、忍者が箱の中を覗き込むと、「打ち出の小槌（受益権）」と「印籠（受託者の権限）」が入っているのが見えました。

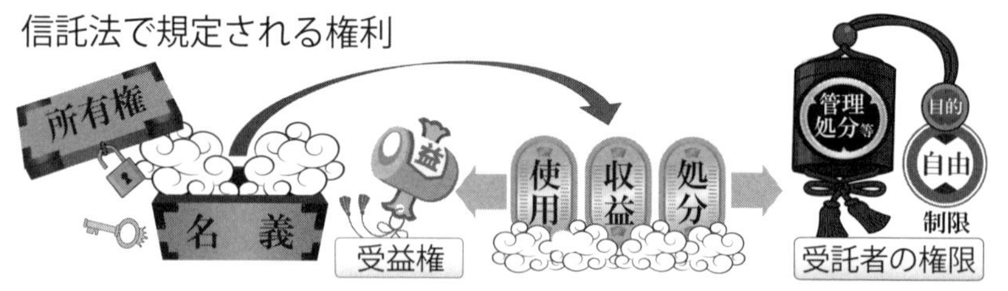


はっと我に返り、忍者が顔をあげたときには、もう殿の姿は見えず、先ほどまで手にしていたはずの鍵も消えていました。

## 殿（委託者）がご乱心？

「お呼びでしょうか？」書院と呼ばれる部屋の外から姫の声がしました。

「姫様、殿の姿が見えないでござる……。本能寺に向かわれたのかもしれませぬ」

忍者は、膝をつき、頭を伏して、姫に言いました。

「そうなのね」姫は、部屋に入り、襖を閉めました。

「おぬしが主役じゃ！書院に来るがよい」といって、すぐに父上は、いなくなってしまったわ。

**説明しよう！**「委託者は、信託行為の当事者として、信託設定の場面においては不可欠な存在であるが、信託が設定された後は、もはや主役ではない」（道垣内弘人編著『条解 信託法』622頁（弘文堂、2017））とされています。

信託の成立後は、受託者（忍者）が、受益者（姫）のために、信託の目的に従って財産を管理または処分等を行います。つまり、信託成立後の中心人物は、受益者（姫）と受託者（忍者）となるのです。

一方、委託者（殿）は、「信託目的設定者としての地位と信託財産出捐者としての地位を有し、これらの地位に相応する権利を有するにとどまる」（神田秀樹・折原誠『信託法講義〔第２版〕』171頁（弘文堂、2019））とされています。

委託者は、信託が成立すると、潔く身を引いて、信託の表舞台から消えてしまうようですね。

忍者は、腰に印籠を巻きました。「姫様、殿から申し付けられておるでござる。こちらをお受け取りくだされ」忍者は、千両箱に入っていた打ち出の小槌を姫に渡しました。

## 本能寺の変が変!?

「殿、敵襲にございます。謀反にございます！」「是非に及ばず！」殿は、愛刀『実休光忠（じっきゅうみつただ)』を手にし、立ち上がりました。

「殿、本能寺は、既に包囲されております」それを聞いた殿は「寺に火を放て！」と家臣に命令しました。

「受託者を忠臣の忍者にしておいて正解だったな。謀反を起こす者を受託者にしてしまうと、信託財産を不正に使い込まれてしまうこともあるからのう」そういって、殿は、舞を踊り始めました。

「人間五十年、下天のうちを比ぶれば、夢幻の如くなり」

## 信託和尚の寺

「謀反に会い、殿が…」城内が急に慌ただしくなりました。「姫様、こちらへ！　殿から伝書鳩による伝達を受け取ったでござる」

忍者は、姫を連れて、寺に向かいました。通信文には、「姫を連れて、信託和尚（おしょう）の寺に向かえ」と書いてあったのです。

寺の門が見えると、そこには、信託和尚の姿がありました。「おぉ、待っておったぞ。殿のことじゃ。信託についてろくな説明もしておらんじゃろう？　信託のことを説明するよう殿にいわれておる。さぁ、中に入るのじゃ」「かたじけない。」忍者は、姫を連れて中に入りました。

「この時代は、家臣に裏切られて最期を迎える武将も少なくないのじゃ。信頼関係は大事よのう。信託も同じことがいえるのじゃ」

## 信認関係ならぬ信忍関係!?

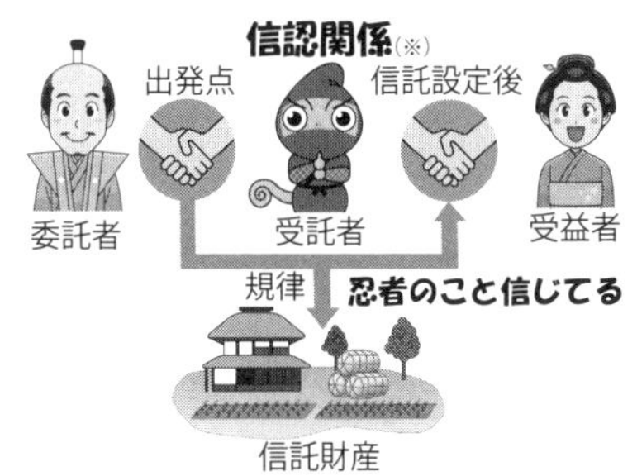

(※)四宮和夫『信託法〔新版〕』65頁(有斐閣、1989)

「信託は、信頼できる者に財産を託す必要があるのじゃ。受託者となるべき者のことが信頼できなければ、信託は不適合と考えるべきじゃろう。そなたは、忍者のことを信じておるか?」信託和尚は、微笑したまま姫の口元に視線を移しました。姫は胸に手を当て、少し間をおいてから話し始めました。「父上が忍者のことを信頼しておりました。だから、私も忍者のことを信頼しております」忍者は片膝をつき、目を伏せました。

「信託は、信認関係の基に成り立っているといわれておる。忍者のことを信じるか…そなたたちの関係は、信忍関係といえるのう」信託和尚は、したり顔に忍者の顔を見ました。『受託者は信託関係のキー・パーソンである』(新井誠『信託法〔第4版〕』207頁(有斐閣、2014))といわれることもあるのじゃ」

## 姫と忍者が手にしたもの

「まずは、現状を把握することが大切じゃ。信託が成立したことによって、そなたらが手にしたものを見せてもらおうかのう」姫と忍者は、信託和尚に、手にしたものを見せました。

「そうか、そうか。忍者は、『千両箱』と『印籠』を手にしたようじゃのう。そして、姫は、『打ち出の小槌』を手にしたのじゃな？」

信託和尚が、目配せをして確認すると、忍者と姫は頷きました。

## 忍者が手にした『千両箱』と『印籠』

「はじめに忍者が手にしたものを説明するとしよう。」信託和尚は、千両箱を指差した後に、説明を始めました。

千両箱の蓋に『所有権』と書いてあるじゃろ？
それは信託財産の『所有権』を意味するのじゃ

つまり、信託財産の『所有権』は、受託者に移転しているでござるか？

そのとおりじゃ。信託法上、信託財産は受託者に属する財産になると定義されておる
千両箱の側面に『名義』と書いてあるじゃろ？
信託財産の名義も受託者に移転するのじゃ

信託財産は、受託者の好き勝手にできてしまいそうでござるが？

鋭いのう。受託者は、信託財産の所有権を有するが、自分のために権利を行使することができんのじゃ。千両箱の中に、所有権の権利内容を表す小判が入っていないじゃろ？

たしかに…。城の中で信託契約を結び、千両箱の蓋を開けたときには、小判ではなく『打ち出の小槌』と『印籠』が入っていたでござる…

忍者は、手にした印籠を見て、殿から信託の目的を淡々と告げられたときのことを思い出しました。そのとき、部屋の片隅には、書き損じの巻き物が積まれていました。忍者は、殿が姫のことを想い、何回も書き直したことを暗に悟っていたのです。

そなたが眺めておる『印籠』は『受託者の権限』を意味するのじゃ。受託者は、信託財産について広範な管理権(※)を有するといわれておる
(※) 神田秀樹・折原誠『信託法講義〔第2版〕』75頁（弘文堂、2019）

印籠を縛っている紐の先に『目的』と書かれた根付（留め具）は、何を意味するでござる？

根付は、信託目的がカタチを変えたものじゃ。受託者の権限が、信託目的に縛られることを意味しておる

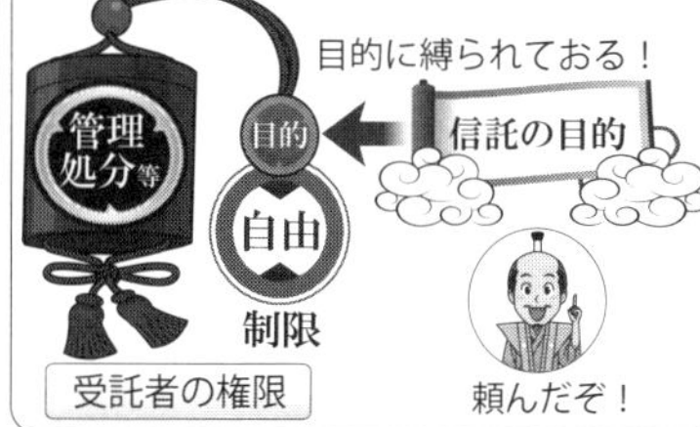


印籠に、管理処分『等』と書かれているでござるが？

信託法では、右に示すとおり、受託者の権限の範囲が定められておる。

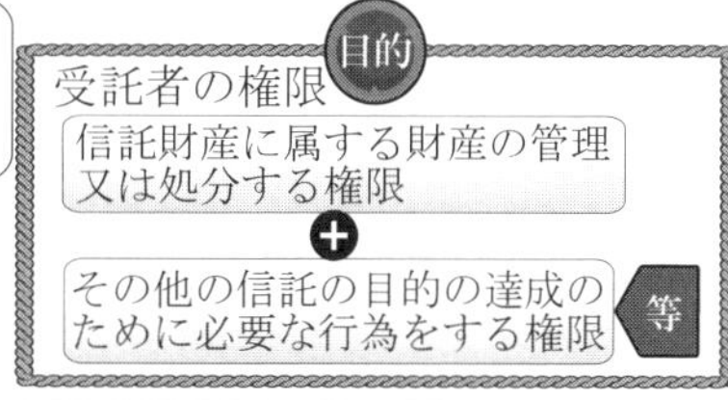


管理または処分する権限だけではないのでござるか…

ちなみに、信託財産に属する財産の管理または処分する権限についても、信託の目的による拘束を受けるとすべき(※)と考えられておるのじゃ
(※) 道垣内弘人『条解信託法』143頁（弘文堂、2017）

信託和尚から説明を受けた忍者は手にした印籠をじっと見ていました。忍者は、殿から「信託の目的」を告げられた後、「姫のことを頼む」と切にお願いされたことを改めて思い出していました。

### 受託者の定義（信託法2条5項）

> 受託者とは、信託行為の定めに従い、信託財産に属する財産の管理又は処分及びその他の信託の目的の達成のために必要な行為をすべき義務を負う者をいう。

## 受益者が手にした『打ち出の小槌』

「次は、姫が手にしたものを説明しよう」信託和尚は、打ち出の小槌を指さして説明を始めました。

『打ち出の小槌』は『受益権』を表しておる。その『打ち出の小槌』を振れば、信託の利益が得られるのじゃ

『受益権』って特殊な権利なのね

『打ち出の小槌』の筒の中を覗いてみるかのう。『受益権』は、『受益債権』と『それを確保するための監督的権利』からなる複合的権利(※)といわれる理由が分かるはずじゃ

(※) 神田秀樹・折原誠『信託法講義〔第2版〕』131頁（弘文堂、2019）

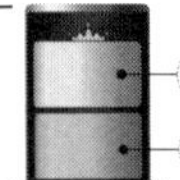

❶ 受益債権

❷ 受益債権 を確保するための監督的権利

**受益権の定義（信託法2条7項）**

> ❶　信託行為に基づいて受託者が受益者に対し負う債務であって信託財産に属する財産の引渡しその他の信託財産に係る給付をすべきものに係る債権（受益債権）及び
>
> ❷　これを確保するためにこの法律の規定に基づいて受託者その他の者に対し一定の行為を求めることができる権利

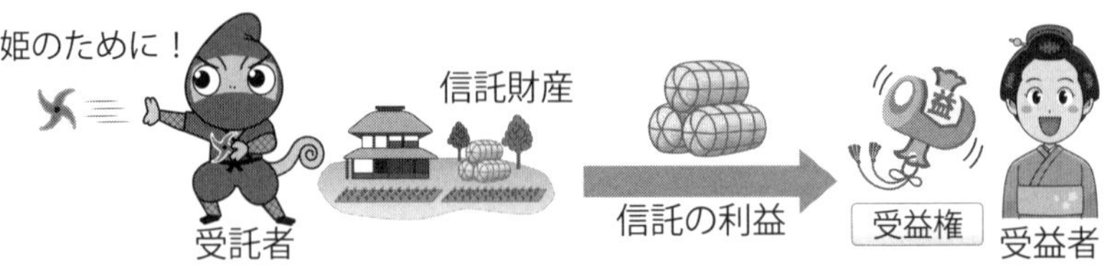


信託行為により、受益者となるべき者として指定された者（姫）が、受

益権を有することになります。姫は、知らぬ間に、与えられていた受益権の有難みをしみじみと感じました。（いったん説明をはさみます。）

## 税務のレンズを通すと、別の所有者が映る!?

「財産を信託すると、すべて１つの信託財産」（注41）となり、その１つの信託財産の所有権は、受託者が有します。

「日本法をはじめとするヨーロッパ大陸法の伝統では、所有権は１つ」（注42）とされる一方で、英米では、受託者と受益者に「二重の所有権」（注43）を認め、受益者も「一種の所有者とみなされ」（注44）ています。

（※）樋口範雄『入門・信託と信託法〔第２版〕』36頁（弘文堂、2014）

税法の視点を入れると、まるで受益者が所有権を持っているかのように見えるでしょう。英米でいう「二重の所有権」を実感できると思います。

信託課税の原則は、パス・スルー課税です。原則として、受益者を信託財産の所有者とみなして課税します。

わが国でも、信託財産は、「法律上・形式上は受託者に帰属しているが、経済上・実質上は受益者に帰属している」（注44）といわれますが、税務上、実質を重視して課税しています。

（注41）神田秀樹・折原誠『信託法講義〔第２版〕』４頁（弘文堂、2019））
（注42）（注43）樋口範雄『入門・信託と信託法〔第２版〕』順に38頁，36頁（弘文堂、2014）
（注44）三菱UFJ信託銀行『信託の法務と実務〔第６訂版〕』６頁（一般社団法人金融財政事情研究会、2015）

## 目に見えない受益権が、急に目の前に現れた!?

受益権は、原則として相続されます。相続税の税額を計算するときに、相続財産である受益権は、金銭的価値に換算されます。目に見えない受益権が、急に目の前に現れたような感覚に陥るかもしれません。なお、本書では、原則である受益者等課税信託を前提として説明していきます。

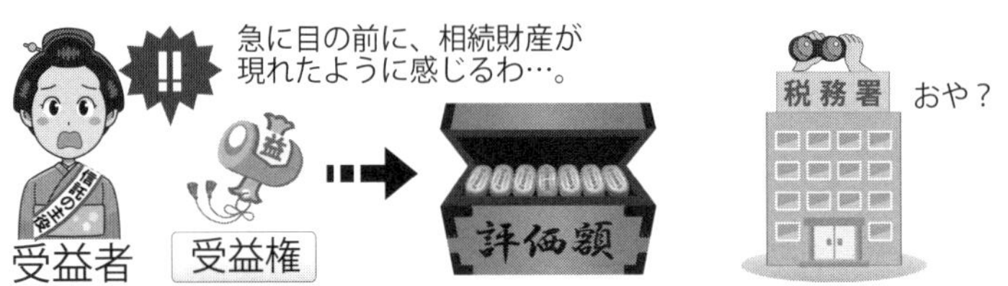


信託税制では、原則として、受益者を信託財産の所有者であるとみなしますが、適正な対価を負担せずに、受益者になった場合は、贈与税または相続税が課税されることがあるので、注意しましょう。

実務上、信託契約を結ぶときには、必ず税務の視点を持たなければなりません。

## 見た目ではなく、中身で判断!?

受益者になった後も、税金の話はついて回ります。所得税法12条に、実質所得者課税の原則なるものが定められています。資産または事業から生ずる利益を享受する者が誰であるかは、形式ではなく、実質を重視して判定し、所得税法を適用します。

信託についてはどうでしょう？　信託法上、信託財産は受託者に属しますが、信託財産の利益を享受するのは、受益者です。

つまり、原則として、信託財産に属する資産及び負債は受益者が有するものとみなし、かつ、信託財産に帰せられる収益または費用も、受益者の収益及び費用とみなして所得税法が適用されるのです。

## あるようでない受益権のカタチ

受益権の内容は、信託行為によって自由に定めることができます。決まったカタチがあるようでないのが受益権という権利なのです。

実は、この受益権は、原則として譲渡することができます。分割して譲渡することも、質権を設定することもできます。

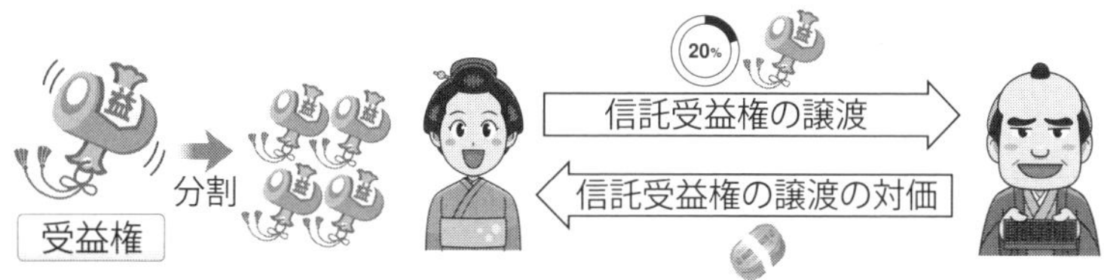


## オーガナイザー機能と転換機能

信託の主な機能は、オーガナイザー（統合）機能と転換機能だといわれます（神田秀樹・折原誠『信託法講義〔第２版〕』４頁（弘文堂、2019））。

179頁で先述したとおり、多数の財産を信託しても、信託財産は１つとされます（オーガナイザー機能）。そして、この１つの信託財産は、譲渡性のある受益権に転換されます（転換機能）。

さらに、受益権は、分割して小口化すると、譲渡しやすくなるでしょう。信託には、長期に財産管理をする機能だけでなく、こうした資産流動化スキームとして活用することができる機能が備わっているのです。

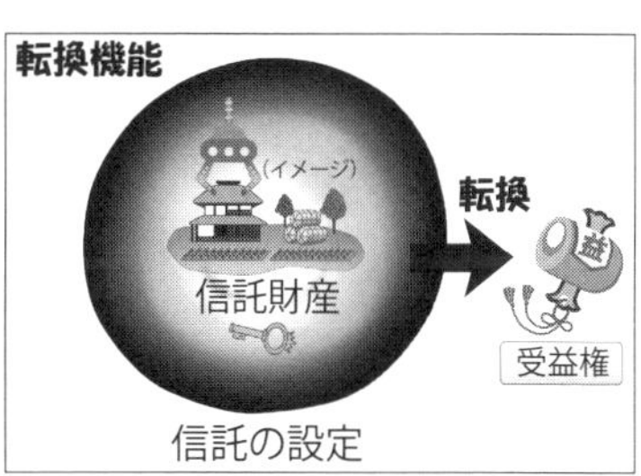

## 信託財産を信託の目的によって拘束する！

「『信託は、信託財産を信託目的によって拘束する法律制度』(注45) じゃ！」それを聞いて、姫は身を守るように腕を組みました。

「安心せい、『信託目的は、委託者の意図であり、受託者はそれを承諾して信託を受託』(注46) しておる」信託和尚が諭すように姫に言いました。

「受託者は、委託者の意図（信託の目的）に従い、受益者のために、信託財産の管理または処分等を行うのじゃ。委託者と受託者との間で築いた信認関係が、受益者に引き継がれていることが見て取れるじゃろ？」姫は、安堵の笑みを浮かべました。

(注45)（注46）能見善久『現代信託法』順に22頁、21頁（有斐閣、2004）

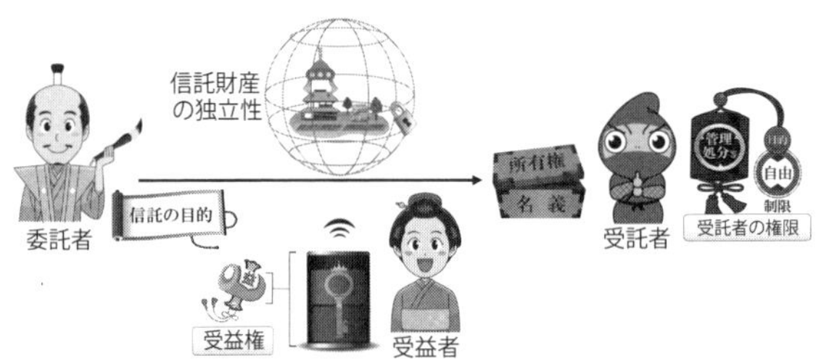


## 信託の終了

「信託は、どのように終わらせるかが重要になるのじゃ。何事も終わり方が肝心よのう」信託和尚は、遠くに視線を送りました。その視線の先にあるのは、ゆらゆらと煙をあげる本能寺でした。

「信託行為に別段の定めがない限り、委託者（殿）と受益者（姫）の合意によって、いつでも信託を終了させることができるのじゃが、委託者（殿）が死亡等により存しない場合、受益者（姫）だけでは信託を終了させることができぬからのう」姫は信託和尚の言葉を聞いて、少し身構えました。

「委託者（殿）は、信託の終了を信託設定時にしっかりと考えておかなければならぬ。信託の終了事由がいくつか信託法に定められておるが、信託行為において信託の終了事由を定めておくことが多いじゃろう」

「殿が何枚も信託契約の巻物を書いては捨てていたのはそういう理由があったのでござるか」そういって、忍者は静かに二度頷きました。

「殿は、自分がいなくなったらどうなるかを考え抜いて、信託契約を結んでおる。そなたらがいなくなったときのことも考えておるはずじゃ」

説明しよう！ 前提として、受益者が死亡（または判断能力を喪失(注47)）した場合でも、信託行為に別段の定めがない限り、信託は終了しません。

(注47) 信託行為において、受益者代理人を定めておけば、別段の定めがない限り、受益者の判断能力喪失後に、その受益者代理人が受益者の権利を代理行使します。

そこで、信託行為において、受益者が死亡したときには、信託が終了するように定めておくことができます。また、信託期間に制限はありますが、受益者の死亡に備え、あらかじめ次の受益者を信託行為において定めておくこともできます（後継ぎ遺贈型受益者連続信託）。

一方で、受託者の死亡は、信託の終了事由には該当しませんが、受託者の任務の終了事由には該当します。受託者が不在のままでは、信託事務の処理が為されない状態が続きます。その事実を知っている受託者の相続人等には、次の義務が生じることを押さえておきましょう。

| □ 受託者が死亡して受託者の任務が終了したことを知れている受益者に通知する義務 |
|---|
| □ 新受託者等が信託事務の処理ができるようになるまで、信託財産に属する財産を保管し、かつ信託事務の引継ぎに必要な行為をする義務 |

## 信託の清算

「信託が終了すると、信託の清算をしなければならぬ。信託が終了した以後の受託者（清算受託者といいます）は、信託財産に属する債務の弁済を行う等、一定の清算事務を行い、残余財産を残余財産受益者または帰属権利者に給付するのじゃ。信託が想定どおりに終了してはじめて委託者（殿）は安心できるのじゃろう」

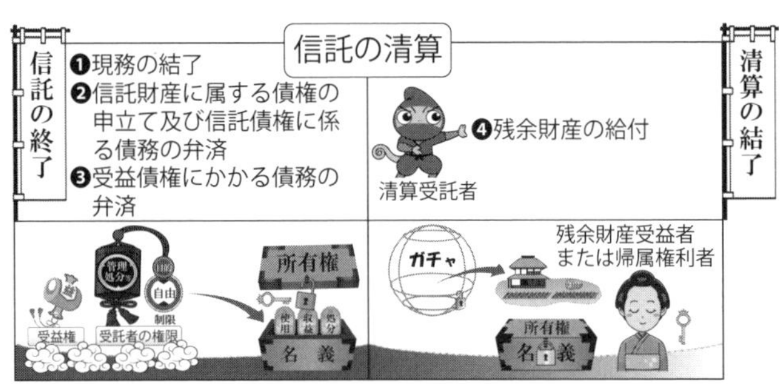


**専門用語**　（出典）道垣内弘人『信託法（現代民法別巻）』418頁（有斐閣、2017）

| | |
|---|---|
| 残余財産受益者 | 信託行為において残余財産の給付を内容とする受益債権に係る受益者として指定された者（信託終了前も受益者としての権利を有する） |
| 帰属権利者 | 信託行為において残余財産の帰属すべき者となるべき者として指定された者（信託終了前に受益者としての権利がない） |

## 別れの予感

「信託の謎が少し解けたかのう」寂しそうに笑う信託和尚の表情が、別れの予感を漂わせていました。

「信託設定時に、受益者（姫）の死亡に備えて、次の受益者（例えば、姫の子）を指定しておくこともできるのじゃ。おぬしの子を見てみたいものよのう」姫が笑顔になるのを見てすぐに、信託和尚は背を向けました。

「さて、わしもまだやり残したことがある。後のことは頼んだぞ、カメレオン忍者！」信託和尚は、寺の奥に行ってしまいました。

「やはり…」忍者は、信託和尚の最後の言葉を聞いて、確信しました。

「拙者、信託和尚に名を告げなかったはずでござる……」

## 人間百年時代

「時を超え、わし（委託者）の想いを受益者に届けるのが信託という手法なのかのう」信託和尚は、寺の窓から遠くを見ました。

「人間五十年、未来では人間百年という時代が来るかもしれぬ」

「百年生きて、人は何を残せるのじゃ？」

これからのことに思いを馳せているうちに、塔頭（たっちゅう）と呼ばれる寺の敷地内にある小院に辿り着きました。

「じっきゅう！じっきゅうはどこじゃ？」

「一休にございます。お呼びで？」

「すまぬ。おぬしのことではない。下がってよいぞ。達者でな」

信託和尚は、辺りを見渡すと、探していたものが見つかりました。

「ここに置いておったか。わしの愛刀」

「実休光忠（じっきゅうみつただ）！」

信託和尚は、慎重に刀置きから愛刀を取り出し、何か想いを吹き込むかのように、愛刀をしばらく眺めていました。

「決めた！」

「この愛刀は、そなたに託すとしよう」

## 株式の信託（民事信託）

では、本題に戻り、株式の信託（民事信託）を見ていきましょう。

162頁で、あなたの大切な人を尋ねました。そのとき、「自分が一番大切だということでも構いません」と補足しましたが、実は、自分のために信託を設定することができます。自益信託といって、委託者と受益者が同一の者となる信託の設定もできるのです。

本書では、非公開会社のオーナー経営者（以下、社長）が保有する自社株式について、自益信託を利用して後継者に議決権の行使をさせるデッドロック対策を確認していきます。

## 議決権だけの信託はできない!?

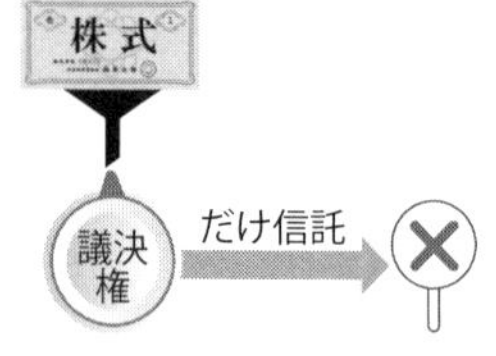


重要な論点を先にご紹介します。「株式と切り離した議決権のみを信託財産とする信託も認めることはできない」（新井誠『信託法〔第４版〕』340頁（有斐閣、2014））とされています。

これとは別に、「議決権行使の目的をもってする株式の信託的譲渡（議決権信託）は原則として有効とみるべき」（四宮和夫『信託法〔新版〕』133頁（有斐閣、1989））とあります。議決権信託とは、「議決権を統一的に行使するため株主が株式を一人の受託者に対し信託する」（江頭憲治郎『株式会社法〔第７版〕』340頁（有斐閣、2017））ことをいいます。この議決権信託は、原則として有効となりますが、契約内容や当事者間の関係等に照らし、株主間の不当な制限になると認められる場合は、無効になると解されています（田中亘『会社法〔第２版〕』128頁（東京大学出版会、2018））。

つまり、デッドロック対策として、株式を信託する場合には、他の株主に配慮し、株式自体を信託財産とする必要があるのです。

## 自益信託の仕組み

社長を委託者兼受益者、後継者を受託者とする自益信託を確認します。

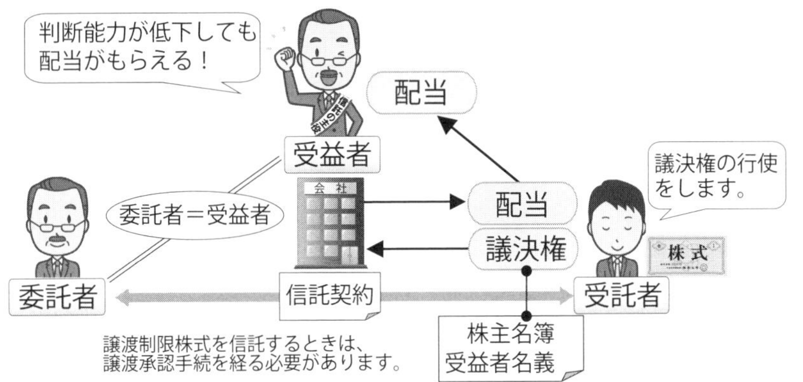


譲渡制限株式を信託設定する場合には、以下の手続を要します。

| □ 会社の譲渡承認手続 |
|---|
| □ 株主名簿の書き換え |
| □ 株券発行会社であれば、受託者に対する株券の交付 |

信託財産に属する自社株式は、受託者（後継者）名義となるため、受託者の判断に基づき、議決権行使をすることができます。株主総会ごとに、委託者（先代経営者）から代理権を授与してもらう必要はありません。

さらに、剰余金の配当が可能な会社であれば、委託者兼受益者である先代経営者が、受託者（後継者）から配当を受け取り、老後の生活資金に充てることもできます。

## 託した後も指図したい!?

判断能力が低下するまでは、後継者（受託者）に経営の舵を渡したくないと考える社長（委託者）もいることでしょう。そうしたときに、指図権者（注48）の設定が為されることがあります。委託者（先代経営者）を指図権者として設定すると、受託者（後継者）は、指図権者（先代経営者）の指図に従い、議決権行使をすることになります。

（注48）信託業法に定めるもの

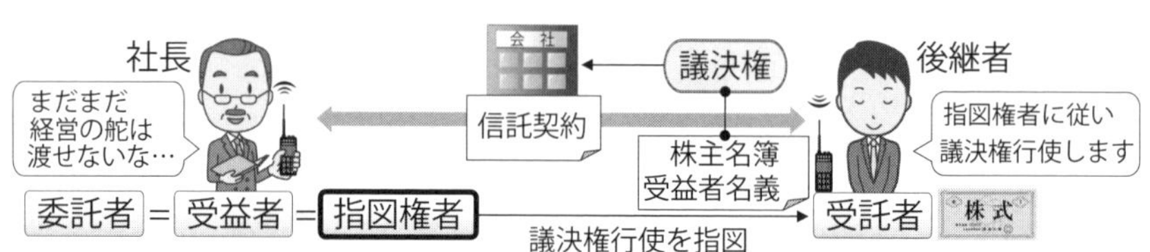


## 自益信託設定時の課税関係

自益信託は、信託の設定時に、実質所有者の変更（経済的価値の移転）が生じないため、基本的に、課税関係は生じません。

| | 自益信託（委託者＝受益者）の基本的な課税関係 |
|---|---|
| 信託設定時 | 原則、受益者（みなし受益者(※)含む）を信託財産の所有者とみなして課税されます。<br>（※）受益者のほかに、信託の変更権限を現に有し、かつ、その信託財産の給付を受けることとされている者（三菱 UFJ 信託銀行編著『信託の法務と実務〔6 訂版〕』257 頁（一般社団法人金融財政事情研究会、2015)） |
| | 自益信託の場合、基本的に、信託設定時に課税関係は生じません（流通税除く）。<br><br>（受益者 1 人を想定）<br><br>信託財産<br>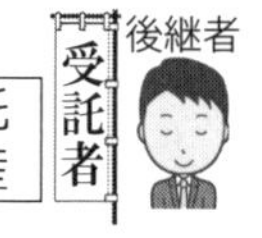<br> |
| 信託中 | 信託財産に属する資産及び負債は、受益者が有するものとみなされます。<br>信託財産から生ずる収益及び費用は、受益者の収益及び費用とみなされます。 |
| 信託終了時 | この表では、信託設定時に、帰属権利者を定めていることを前提とします。 |
| | 【受益者＝帰属権利者】<br>社長<br><br>信託財産<br>帰属権利者<br>信託の残余財産を取得しても、実質的な財産の移転がないため、特段の課税関係は生じません（流通税除く）。 |
| | 【受益者≠帰属権利者】<br>後継者<br>信託財産<br>帰属権利者<br>適正な対価を負担することなく、信託の残余財産を取得した場合には、贈与税または相続税が課税されます。 |

### 信託受益権についての相続税・贈与税も事業承継税制の適用対象なの？

非上場株式等に係る信託受益権は、相続税・贈与税の納税猶予制度の対象とされていません。つまり、非上場株式等を信託した場合には、事業承継税制の適用を受けることができません。この論点については、令和２年度（2020年度）においても税制改正は予定されていません。

### 信託もデッドロック!?

受託者が認知症になり、判断能力を失うと、受託者自ら信託事務を行うことができなくなり、信託関係者にとって望ましくない状況に陥ります。

登記・登録制度のある財産を信託設定している場合には、受託者の変更をするときに、信託財産の所有権移転登記を要します。そして、前受託者と登記権利者である新受託者が共同し、この登記申請を行わなければなりませんが、前受託者が判断能力を欠いた状態では、自ら申請をすることも難しいでしょう。

### 信託は、いつ終わるんだい？

受託者が後見開始または保佐開始の審判を受けた場合には、受託者の任務の終了事由に該当します（信託法56条１項２号）。このときは、新受託者が、信託財産の所有権移転登記を単独で申請することができます。

なお、170頁で先述したとおり、受託者が欠け、新受託者が就任しない状態が１年間継続したときには、信託の終了事由に該当します。

受託者が認知症になるリスクにも配慮して、信託期間を設定する必要があるでしょう。信託が想定外の終わり方をしてしまっては、元も子もありません。

COLUMN

## 親族相盗例！　信じて託して使い込まれる

民事信託では、受託者を親族（家族含む）の中から選ぶケースが多いでしょう。信託設計が不十分であると、信託財産を親族（受託者）が使い込んでしまい、後で問題が生じることがあるのです。成年後見制度を利用すると、本人の資産が凍結するからという理由で、民事信託を利用した結果、財産がなくなってしまっては、本末転倒です。

ご迷惑をおかけして申し訳ありません。

「法は家庭に入らず」という法格言があるように、親族相盗例といって、親族間で窃盗罪、不動産侵奪罪などを犯しても、刑を免除するという特例があります。

第１章でお話したとおり、親族後見人には、親族相盗例の適用はなく、処罰されるという判例（最二小判平成24・10・９刑集66巻10号981頁）があります。一方で、民事信託における親族相盗例に関する判例は、特段見当たりません。もっとも、受託者に対する公的監督がないため、不正が明るみに出ないのかもしれませんが、親族相盗例が適用されず、不正を働いた親族（受託者）が刑法上の処罰の対象になる可能性も否定できません。

政府は、人生百年時代を見据えた経済社会の在り方を構想しています。

「人間五十年、下天のうちを比ぶれば、夢幻の如くなり。ひとたび生を得て滅せぬもののあるべきか」

この言葉を残した織田信長さんも驚いていることでしょう。今や政府は当時の２倍の人生を見据えているわけですから。長い老後の生活資金を働けるうちに蓄えておかなければなりません。

実は、信託にも年金問題があります。年金受給権を信託財産とすることはできません。年金受給権は、法律で譲渡が禁止されています（厚生年金保険法41条、国民年金法24条）。その点、ご注意ください。

## ❺ 商事信託

信託の相談をした専門家に受託者となってもらえないかと依頼したくなることもあるでしょう。

営業として信託を行うには、信託業法または金融機関の信託業務の兼営等に関する法律（以下、兼営法）による免許を取得した信託会社や信託銀行でなければなりません。つまり、営業として、弁護士等の専門家が受託者になることはできないのです。

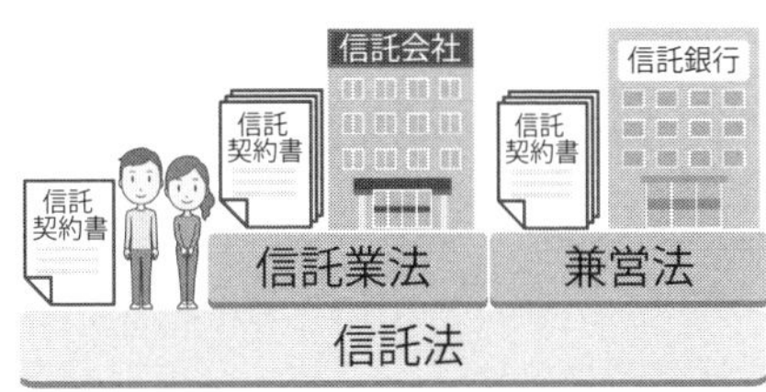


「受託者の果たす役割が、財産の管理・保全または処分である場合を『民事信託』といい、それとは異なる場合を『商事信託』とよぶ」(注49) とされています。

（注49）道垣内弘人『信託法（現代民法別巻）』22頁（有斐閣、2017）

わが国の信託は、商事信託から始まりました。2007年に現行信託法が施行されてから、家族等を受託者にする民事信託が行われるようになりましたが、自社株式を信託財産とする商事信託は、それ以前から利用されていました。

### 信託契約書の枚数に現れる制度上の違い

商事信託と民事信託の制度上の違いは、実務における契約書の枚数にも現れています。（筆者の印象として）商事信託の契約書の枚数は、民事信託の契約書の枚数と比べると、段違いに多いのです。これは、商事信託が、信託法だけでなく、信託業法等の規制法の適用を受けるからでしょう。

商事信託と民事信託の主な相違点は次のとおりです。

■主な相違点

| | 民事信託 | 商事信託 |
|---|---|---|
| 目的 | 非営利 | 営利（反復・継続） |
| 受託者 | 親族等 | 信託業法または兼営法により免許取得・登録した信託会社や信託銀行 |
| 監督官庁 | なし | 金融庁 |
| 信託設計の安全性 | 設計者次第 | 規制により安全性が担保される |
| 信託設計の柔軟性 | 相対的に高い | 相対的に低い（∵規制による縛り） |
| 信託組成可能金額 | 特になし | 下限が設定されている場合がある |
| 優遇税制が適用される信託の有無 | なし | あり　教育資金贈与信託<br>結婚・子育て支援信託等 |

民事信託でも一般社団法人等を受託者とする場合があります。状況に応じて、民事信託と商事信託を選択するとよいでしょう。

**参考　優遇税制が適用される信託の適用期限に注意！**

令和元年（2019年）12月12日に自由民主党・公明党が発表した税制改正大綱でも、超高齢社会の実状に触れ、老々相続の問題を取り上げています。「生前贈与を促進する観点からも、資産移転の時期の選択に中立的な税制の構築が課題」とし、以下の見直しを行うとしています。

| ①　現行の暦年課税と相続時精算課税制度のあり方の見直し |
|---|
| ②　教育資金の一括贈与に係る贈与税の非課税措置の必要性の見直し |
| ③　結婚・子育て資金の一括贈与に係る贈与税の非課税措置の必要性の見直し |

優遇税制が適用される商事信託のうち、教育資金贈与信託・結婚・子育て支援信託は、それぞれ上表の②と③の見直しの影響を受け、次の適用期限到来時（令和３年（2021年）３月31日）に、制度自体の必要性が見直される予定です。適用期限を意識した制度利用の検討が求められるでしょう。

### (2) 忍法 変わり身の術（納税を逃れて、株主を交代する手法）

次に、139頁に示したデッドロックに陥る寸前に、納税を逃れて、株主を交代する緊急避難用の対策を見ていきましょう。

緊急避難策として、社長が判断能力を失う前に、特例事業承継税制の適用を受けて、後継者に株式を贈与する手法が考えられます。会社がデッドロックに陥り、事業が継続できなくなることは避けなければなりません。

いきなり本特例の適用を受けることはできません。いざというときに、適用を受けることができるよう、事前に手続をしておきましょう。

**COLUMN**

#### デッドロックに陥った後継者を解放した一言

筆者は、後継者として不甲斐ない自分に折り合いをつける作業ばかりしていた時期がありました。理想と現実の狭間で、まさにデッドロックに陥ってしまったのです。義父や番頭さんが各方面に配慮してくれて、職員さんが温かく迎え入れてくれているのに、空回りする日々。

傍から見ると、（無難に）落ち着いた後継者になっていました。

「年を重ねると、嫌でも落ち着いてしまうからね」

「坂本さんは、まだ尖っていた方がいいよ」

そう言ってくれたのは、前の職場の上司でした。心から尊敬する人の言葉にどれだけ支えられたことでしょう。この一言に発奮しました。

## 3　取締役会におけるデッドロック対策には、影武者を使う!?

ここからは、取締役会の決議ができなくなることにより、経営がデッドロックに陥ることを防ぐ対策について見ていきましょう。

本書で説明する取締役会におけるデッドロックが生じる因果関係を下表に再掲します。

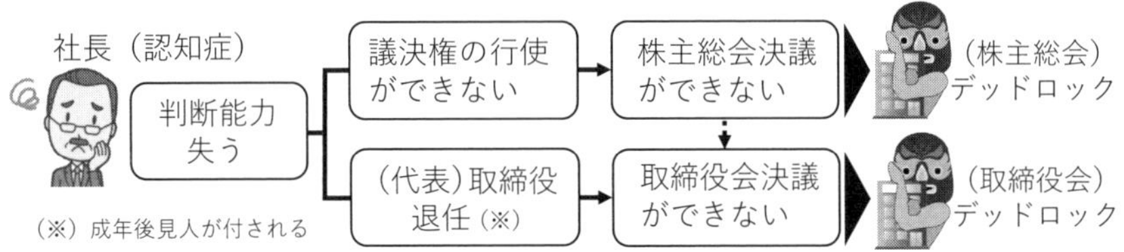


### 取締役会におけるデッドロック対策に使う影武者と巻物はコレだ！

本書では、取締役会におけるデッドロック対策として、以下の手法をご紹介します。

| NO. | 手法 | 分類 | 一言メモ |
|---|---|---|---|
| ❶ | 取締役の増員 | 欠員対策 | 定員数（*）を超える員数にする |
| ❷ | 補欠役員の予選 | | 補欠役員を予備的に選任 |
| ❸ | 定款の整備 | 定款の定め | 機動性に偏重しない定款に整備 |
| ❹ | 種類株式 | | 取締役等選任種類株式で対応 |

＊法律または定款で定めた員数という意味で使用します。

それでは、順を追って確認していきます。

## ❶ 取締役の増員

取締役会設置会社で、現存する取締役が３名またはそれに近い人数である場合、取締役の欠員に起因する取締役会におけるデッドロックを回避すべく取締役の増員を検討しましょう。原則として、株主総会の普通決議（82頁）により取締役を増員することができます（定款変更を要する場合もあります）。

ただし、取締役を増員して、取締役の合計人数が偶数になる場合は、取締役会の表決の結果、賛否同数になることがあるので注意しましょう。例えば、取締役の増員後に、取締役の数が計４名になったとしましょう。表決の結果、賛成派と反対派で２対２となり、取締役会の議決要件である「出席した取締役の過半数」の賛成が得られないことがあります。

取締役会規則に、賛否同数のときは、取締役会の議長が決定する旨の定めを置く会社もあると思います。留意すべきは、「定款をもって『出席取締役の賛否同数のときは議長の決するところによる』との定款または定款に基づく取締役会規則の効力については見解が分かれて」（坂巻俊雄・龍田節編集代表『逐条解説 会社法第４巻 機関・１』571頁〔早川勝〕（中央経済社、2008））いる点です。

取締役を増員する場合には、こうした論点も押さえながら、増員後の取締役会の運営に支障が生じないよう事前に検討しておくことが肝要です。

## ❷ 補欠役員の予選

役員に欠員が生じたときに備えて、株主総会において補欠役員を予備的に選任（予選）しておくことが認められています（会社法329条３項）。

ここでいう補欠とは、一般的な意味での予備人員のことではありません。会社法上、補欠を定義する条文はありませんが、会社法でいう補欠とは、法律または定款で定めた定員数を割ったときの代替人員のことを意味します。

会社法上の補欠ではない

補欠役員は、下表の①から③に該当する場合に備えて、選任することができます。

| | |
|---|---|
| ① | 役員が欠けた場合 |
| ② | 法律で定めた役員の員数を欠くこととなるとき（129頁） |
| ③ | 定款で定めた役員の員数を欠くこととなるとき |

補欠役員の選任に係る決議の有効期間は、定款に別段の定めがある場合を除き、当該決議後最初に開催する定時株主総会の開始の時までと定められています（会社法施行規則96条３項）。

ただし、「定款で定めれば、補欠役員の選任決議の有効期間を伸長し得ることが、明文で定められ」(注50) ています。

（注50）（岩原紳作編『会社法コンメンタール７－機関（１）』420頁〔浜田道代〕（商事法務、2013））

## 参考　補欠の代表取締役を選定することはできるの？

「取締役会の決議により、適宜、補欠の代表取締役を選定することも可能である」(注51) と解されています。

（注51）相澤哲・葉玉匡美・郡谷大輔編著『論点解説 新・会社法』309頁（商事法務、2006）

## ❸ 定款の整備

123頁で先述したとおり、定款の定めにより、一辺倒に代表取締役に権限移譲している場合、成年後見人が付されて代表取締役が不在になったときに、迅速な意思決定ができず、業務に支障が出る可能性があります。

代表取締役不在となる有事の際に備えて、あらかじめ定めた順番により、他の取締役が手続を行えるように定款を定めておくようにしましょう。

また、株券発行会社であれば、株券を発行する旨の定めを廃止することを検討し、相続人等に対する売渡し請求については、自社の状況に応じて定款に定めを設けるべきか削除すべきか検討する必要があるでしょう。

| 自社の状況 | 検討の方向性 |
|---|---|
| 相続クーデターが生じる可能性がある株主構成 | 定めを削除することを検討する |
| M&Aを視野に入れている場合 | 定めを設けることを検討する |

M&Aでは、売り手が株式を集約しなければなりません。他の株主に相続が発生して株式が分散しないように、事前に対策しておきましょう。

## ❹ 種類株式

株式会社では、通常発行される普通株式のほかに、下表に示す内容の異なる種類の株式（会社法108条１項）を発行することが認められています。

**■９つの事項に限定**

| | | |
|---|---|---|
| １）剰余金の配当 | ４）譲渡制限 | ７）総会決議に基づく全部強制取得 |
| ２）残余財産の分配 | ５）株主から会社への取得請求権 | ８）種類株主総会の承認（拒否権付） |
| ３）議決権制限 | ６）会社による強制取得 | ９）種類株主総会での取締役・監査役の選任 |

（神田秀樹『会社法〔第21版〕』76頁（弘文堂、2019））

新たに種類株式を発行する場合は、定款変更と登記手続が必要です。

## デッドロック対策として活用する取締役等選任種類株式

本書では、数ある種類株式のうち、取締役等選任種類株式（注52）をデッドロック対策に活用する手法を次の事例で確認しましょう。

（注52）指名委員会等設置会社及び公開会社では、取締役等選任種類株式を発行することができません。

**事例で確認！** 株主が３名、現存する取締役（すべて株主）が３名の取締役会設置会社を想定します。取締役が１名でも欠けるようなことがあれば、速やかに、後任の取締役を株主総会で選任しなければなりません。しかし、株主（取締役）に対立関係が生じていると、株主総会の決議で後任の取締役が決まらず、取締役会の決議が賛否同数になり、デッドロックに陥る可能性があります。

取締役等選任種類株式を発行すると、その種類株式を有する株主で構成される種類株主総会でのみ取締役または監査役を選任することになります。

本事例では、後継者に取締役等選任種類株式を保有させておくと、後継者が単独で後任の取締役を選任することができるため、取締役の欠員により、取締役会がデッドロックに陥るリスクを回避することができるでしょう。

**くわしく** 取締役等選任種類株式を発行すると、原則として、全体の株主総会で取締役または監査役を選任することができなくなります。つまり、一部の取締役を種類株主総会で選任し、残りの取締役を全体の株主総会で選任することは、原則できないとされているのです。

とはいえ、原則できないとされることも、設計次第ではできる場合があります。その設計とは、一部の取締役を種類株主総会で選任し、残りの取締役を全部の種類株主で共同して選任することができるとする定款の定めを置くことです。

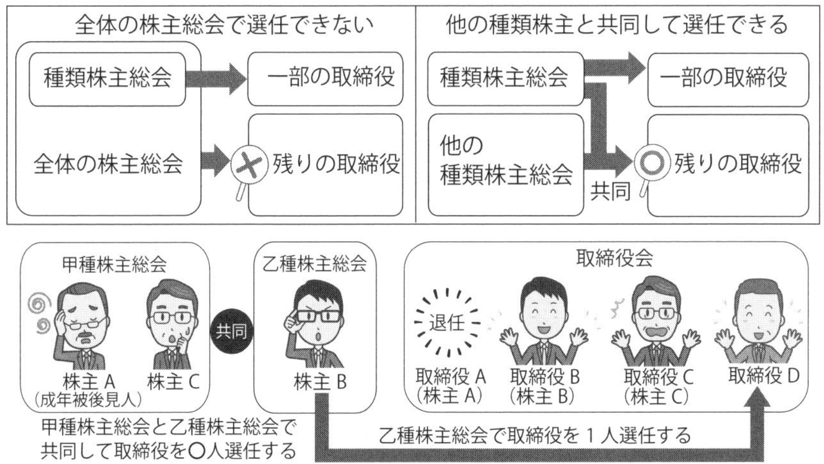


この定めを置く場合、残りの取締役は全体の株主総会ではなく、「全部の種類株主により構成される種類株主総会で選任していることになる（始関・平成14年193頁）」[注53] と解されています。

（注53）山下友信編『会社法コンメンタール３－株式（１）』131頁（商事法務、2013）

本書では、デッドロック対策として、様々な手法が考えられることの一例として、取締役等選任種類株式を紹介しましたが、種類株式を発行するにも、登記を要します。税務上の処理が煩雑になることがあるほか、対外的に種類株式を発行している会社が好まれない場合もあります。株主間契約や信託という手法で代替できる場合もあるでしょう。自社に適する手法を選択できるように、様々な手法があることを知っておくとよいでしょう。

COLUMN

## ヒーロー株が悪役（ヒール）になるリスクは検討した？

ヒーローはピンチのときに現れるのが鉄則です。会社がピンチのときに、活躍するといわれるヒーロー株という株式があります。

このヒーロー株は、いわゆる属人的株式の一種です。属人的株式とは、「株主ごと」に異なる取扱いを行う旨を定款で定めた株式のことをいい、非公開会社のみ、定款に会社法109条２項の属人的定め（以下、属人的定め）を設けることができます。定款に属人的定めを設けるには、株主総会の特殊決議が必要ですが、種類株式と違って、登記は不要です。

**見聞きする事例** ヒーロー株の活用方法として、大株主である社長が判断能力を失ったときに、他の株主が保有するヒーロー株１株の議決権数が増大し、株主総会の決議を成立させるといった内容の事例が紹介されているのを見聞きすることがあります。

**無効判決** 属人的定めを新設する株主総会の決議を無効とした判決があることを押さえておきましょう。その判決では、「属人的定めの制度についても株主平等原則の趣旨による規制が及ぶと解するのが相当」（東京地判平成25・９・25金融・商事判例1518号54頁）であるとしています。株主平等原則とは、株式会社は、株主をその有する株式の内容及び数に応じて、平等に取り扱わなければならないとする大原則（会社法109条１項）です。

**課税上の取扱い** 注意しなければいけないのが税金です。属人的株式を譲渡、贈与または相続等した場合の課税上の取扱いは明確にされていません。課税リスクがあることを認識しておきましょう。

# 第 4 章

# まだできることがある!?
# 社長が判断能力を失った後にやること

社長が判断能力を失うと、会社がデッドロックに陥るおそれがあります。

判断能力を失った社長の法律行為は、無効となるため、もう何も対策ができないと思考が停止（ロック）してしまうかもしれません。それでも、会社に関わる方々の悲しむ顔が浮かぶのでしたら、何か打てる手を探さなければなりません。

# 1　判断能力を失った後にできることは限られる

## 1　ダブル・デッドロックで思考もロック!?

### 社長が判断能力を失うと、もう何もできないの？

社長の判断能力が失われ、会社がダブル・デッドロックに陥ると、もう打つ手はないのでしょうか？

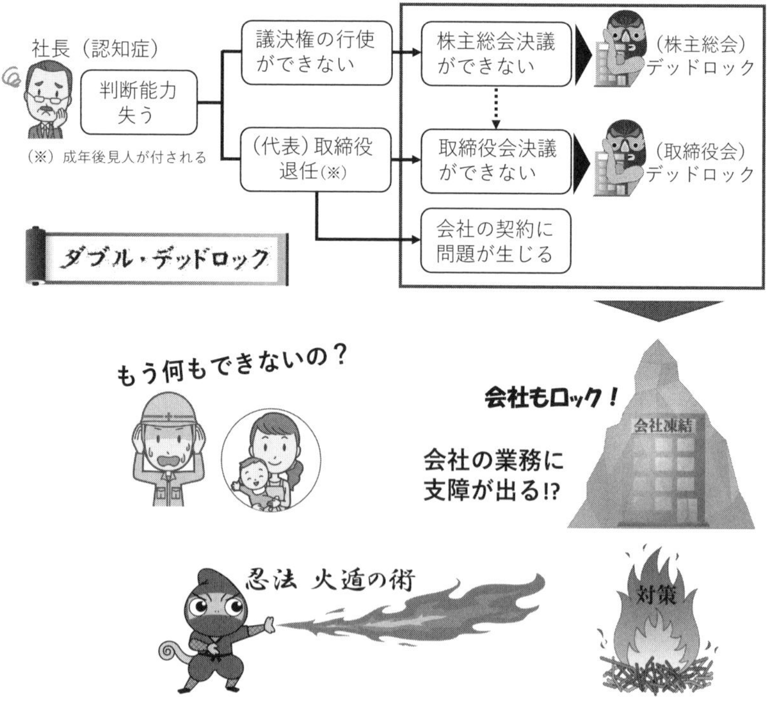

## 判断能力を失うと、打てる対策は限られる！

社長が判断能力を失った後では、社長の法律行為は、原則無効となりますので、打てる対策は限られてしまいます。

生前に行うべき相続税対策や事業承継対策は、原則できなくなります。

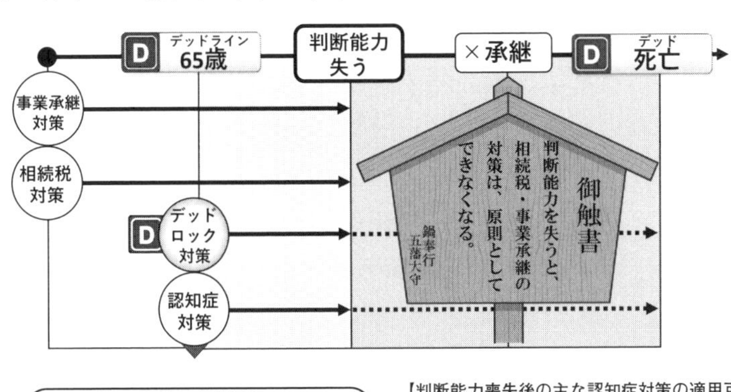


認知症対策

本人の問題

財産管理

身上監護

会社の問題

デッドロック

家族の問題

資産凍結

【判断能力喪失後の主な認知症対策の適用可否】

| 主な認知症対策 | 適用可否 |
| --- | --- |
| 委任契約（財産管理等） | × |
| 任意後見契約 | × |
| 信託契約 | × |
| 法定後見制度 | ○ |

## 社長が判断能力を失うと、本人、家族、会社の問題が生じる！

社長が判断能力を失った場合は、社長個人を保護・支援しなければなりませんが、このとき利用できる認知症対策の手法も限られてしまいます。

もっとも、社長の判断能力が失われることに起因して生じる問題は、社長本人だけの問題ではありません。社長の資産が凍結して家族が困る問題や会社がデッドロックに陥る問題等も生じます。

## 法律で保護することも考える！

社長の判断能力が失われると、社長の個人財産や会社の財産が何者かに狙われることがあります。実際に、高齢の方の所得税の申告をしたときに、高額な預金の引出しがあったので内容を確認すると、「言われたとおりにしたから、よく分からない」と返ってきました。判断能力が低下している状態では、第三者が勧めることに容易に誘導されてしまいます。

社長の判断能力が低下した場合、利用するかは別として、法定後見制度によって保護すべきか検討することも必要でしょう。

ただし、116頁で先述したように、亡くなった本人の相続財産を巡り、成年後見人等と親族で争う裁判も起きています。判断能力の有無と遺言の有効性についての争いは、今後も多発する可能性があります。

## 対策が限られるとしても、デッドロックは回避する！

判断能力喪失後の対策が限られるとしても、会社の事業が回ることを最優先にして、打てる対策を考えなければなりません。会社の問題は、従業員やその家族等にも影響を及ぼします。

## 認知症リスクが顕在化するとき

社長の認知症リスクが顕在化するときを確認しておきましょう。第1章の成年後見制度の申立て動機（42頁）も参考にしてください。

■認知症リスクが顕在化するときの例

| |
|---|
| □ 預貯金の管理・解約等で本人確認が求められるとき |
| □ 介護施設の契約や保険の手続を自ら行うことができないとき |
| □ 不動産の登記で司法書士等から本人確認が求められるとき |
| □ 遺産分割協議で合意が求められるとき |
| □ 保険金の受取で本人確認が求められるとき |
| □ 証券会社の取引で本人確認が求められるとき |
| □ 親族間で争いがあるとき |
| □ 高齢者を狙った悪徳商法などのターゲットになるとき　等 |

### 判断能力が回復することもある!?

たしかに、意思表示をするときに、判断能力を失っていると、法律行為は無効となりますが、認知症患者の失われた判断能力が回復することもあると聞きます。

**COLUMN**

### 判断能力を失っても、覚えてくれている!?

「スタッフ1人1人の名前が分からなくなっても、顔を見て、この人は安心できる人だと笑顔で示してくれることが嬉しい！」そう語るのは、私の知人で山梨県の介護施設に約20年勤務する介護福祉士です。

子供と違い、少しずつ（ときに急激に）老いていく高齢者の方々を、これまでたくさん看てきたといいます。

「昨日できなかったことが今日できた！」

「1歩も歩けなかったけど、今日は10歩も歩けたよ！」

介護をしていると、そうした小さな前進を発見することがあるそうです。

## 2　認知症の症状に波があるときにも、忍法を使う!?

認知症の種類によっては、「判断能力が急激に低下することがあるが、その後やや回復し、あるいは横ばいを続ける」（新井誠・赤沼康弘・大貫正男編『成年後見制度－法の理論と実務〔第２版〕』426頁〔五十嵐禎人〕（有斐閣、2014））こともあります。

### 判断能力の有無を判定し、証拠を残す！

後々の争いに発展しないように、契約時に判断能力の有無を検査して、その結果を証拠として残しておくことも検討しましょう。

**■認知機能障害の検査手法**

| | | |
|---|---|---|
| 質問式 | 長谷川式簡易知能評価スケール改訂版（HDS-R） | ※ |
| | Mini-Mental State Examination（MMSE） | ※ |
| | Clock Drawing Test（CDT）時計描写テスト | |
| | The Seven Minutes Screen（7MS） | |
| | Alzheimer's Disease Assessment Scale（ADAS） | |
| | Severe Impairment Battery（SIB） | |
| | 日本語版リバーミード行動記憶検査（RMBT） | |
| | 日本語版Neurobehavioral Cognitive Status Examination（COGNISTAT） | |
| 観察式 | Clinical Dementia Rating（CDR） | |
| | Functional Assessment Staging（FAST） | |
| | N式老年者用精神状態尺度（NM-スケール） | |

（※）家庭裁判所の診断書ひな形「各種検査」項目に示されている検査手法
（出典：日本認知症学会編集『認知症テキストブック』116頁（中外医学社、2008））

判断能力の有無の判定上、１つの検査のみでは、十分な証拠が得られないとする見解もあるでしょう。医師に相談の上、複数の検査を組合せることも検討しましょう。

## ■意思表示をしたときに、判断能力があることを証明する方法例

| 証明する方法例 | 備　考 |
|---|---|
| 公正証書にする | 契約書を公正証書にする。 |
| 確定日付の付与 | 公証役場にて確定日付をもらう。 |
| 医師の診断書の入手 | 契約直前に、かかりつけ医の診断書を入手する。 |
| 契約時の検査記録 | 契約時に、前頁に示した検査を行い記録する。 |

## 参考　長谷川式簡易知能評価スケール改訂版（HDS-R）

（検査日：　　年　　月　　日）　　　　（検査者：　　　）

| 氏名： | 生年月日：　年　月　日 | 年齢：　歳 |
|---|---|---|
| 性別：男 ／ 女 | 教育年数（年数で記入）：　年 | 検査場所 |
| DIAG： | （備考） | |

| | | | |
|---|---|---|---|
| 1 | お歳はいくつですか？　（2年までの誤差は正解） | | 0　1 |
| 2 | 今日は何年の何月何日ですか？何曜日ですか？<br>（年月日，曜日が正解でそれぞれ1点ずつ） | 年<br>月<br>日<br>曜日 | 0　1<br>0　1<br>0　1<br>0　1 |
| 3 | 私たちがいまいるところはどこですか？<br>（自発的にでれば2点，5秒おいて家ですか？　病院ですか？　施設ですか？のなかから正しい選択をすれば1点） | | 0　1　2 |
| 4 | これから言う3つの言葉を言ってみてください．あとでまた聞きますのでよく覚えておいてください．<br>（以下の系列のいずれか1つで，採用した系列に○印をつけておく）<br>1：a）桜　b）猫　c）電車　　2：a）梅　b）犬　c）自動車 | | 0　1<br>0　1<br>0　1 |
| 5 | 100から7を順番に引いてください．（100−7は？，それからまた7を引くと？　と質問する．最初の答えが不正解の場合，打ち切る） | (93)<br>(86) | 0　1<br>0　1 |
| 6 | 私がこれから言う数字を逆から言ってください．（6-8-2，3-5-2-9を逆に言ってもらう，3桁逆唱に失敗したら，打ち切る） | 2-8-6<br>9-2-5-3 | 0　1<br>0　1 |
| 7 | 先ほど覚えてもらった言葉をもう一度言ってみてください．<br>（自発的に回答があれば各2点，もし回答がない場合以下のヒントを与え正解であれば1点）　a）植物　b）動物　c）乗り物 | | a：0　1　2<br>b：0　1　2<br>c：0　1　2 |
| 8 | これから5つの品物を見せます．それを隠しますのでなにがあったか言ってください．<br>（時計，鍵，タバコ，ペン，硬貨など必ず相互に無関係なもの） | | 0　1　2<br>3　4　5 |
| 9 | 知っている野菜の名前をできるだけ多く言ってください．（答えた野菜の名前を右欄に記入する．途中で詰まり，約10秒間待ってもでない場合にはそこで打ち切る）0 ～ 5＝0点，6＝1点，7＝2点，8＝3点，9＝4点，10＝5点 | | 0　1　2<br>3　4　5 |
| | | 合計得点 | |

出典）大塚俊男・本間昭監修『高齢者のための知的機能検査の手引き』（ワールドプランニング、1991）

## 判断能力の有無に波があるときは、忍法 口寄せの術！

認知症の症状の波が激しい場合は、判断能力があるときに、簡単な遺言書や契約書なら自分で作成することができる可能性があります。遺言書や契約書を自ら作成できなくても、口頭で誰かに意思を伝えることができる場合もあるでしょう。

### 参考　成年被後見人の遺言は、医師の協力が必要！

成年後見人が付されてから遺言をするには、医師の協力が必要です。

判断能力が一時回復した成年被後見人が、遺言をするには、医師２人の立会いを要します。遺言に立ち会った医師は、遺言者が遺言をする時において判断能力を欠く状態になかった旨を遺言書に付記して、これに署名・押印をしなければなりません（民法973条）。

ほかにも、親族（注54）以外の成年後見人が付され、後見の計算（注55）終了前に、後見人またはその配偶者もしくは直系卑属の利益となるべき遺言をしたときは、その遺言は無効となります（民法966条）。

（注54）直系血族、配偶者または兄弟姉妹のこと
（注55）後見人の任務が終了し、後見人またはその相続人が原則２か月以内にする管理の計算のこと（民法870条）

## 公証人に口授して、公正証書による遺言書を作成

自筆証書遺言による遺言書を作成する場合には、自書することが求められます。自書することができない場合でも、公証人に遺言の趣旨を口授（口頭で伝えること）して、公正証書による遺言書を作成できる場合があります。

**■公証人に口授する公正証書遺言の流れ**（民法969条）

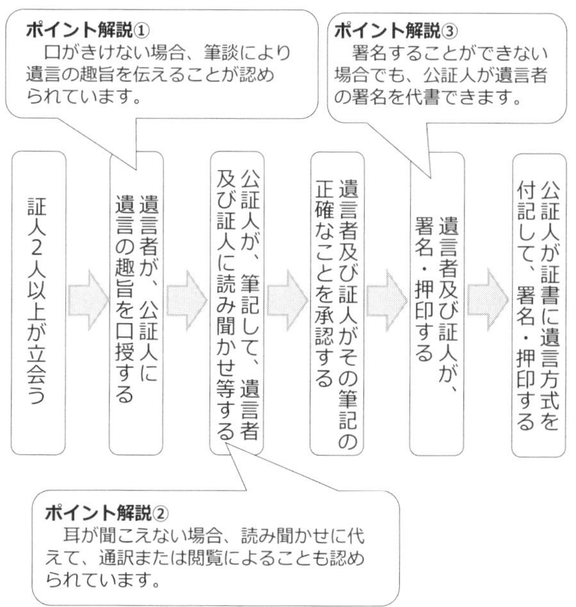


繰り返しになりますが、公正証書遺言の場合、家庭裁判所で検認手続をする必要はありません。

## 証人に口授して、危急時遺言を作成

自筆証書遺言や公正証書遺言といった普通方式の遺言（113頁）のほかに、危急時遺言という特別方式の遺言があります。危急時遺言とは、死亡の危急に迫った者が簡易的な方式で行う遺言をいいます。

本書では、危急時遺言のうち、死亡危急時遺言について見ていきます。

まずは、要件を押さえましょう。

**■死亡危急時遺言の要件**（民法976条）

| |
|---|
| □ 疾病その他の事由によって死亡の危急に迫った者が遺言をしようとするとき |
| □ 証人３人以上が立会い、証人のうち１人に遺言の趣旨を口授する。 |
| □ その口授を受けた者が、これを筆記して、遺言者及び他の証人に読み聞かせ、または閲覧させ、各証人がその筆記の正確なことを承認した後、これに署名し、印を押す。 |
| □ 遺言の日から20日以内に、証人の１人または利害関係人から家庭裁判所に請求してその確認を得る。 |

**■口授ができない者である場合の対応**

| | |
|---|---|
| 口がきけない遺言者 | 口がきけない遺言者は、証人の前で、遺言の趣旨を通訳人の通訳により申述する。 |
| 耳が聞こえない遺言者または証人 | 口授を受けた者が筆記した内容を、通訳人の通訳により、遺言者または他の証人に伝えて、読み聞かせに代えることができる。 |

危急時遺言により、株式を後継者に相続する旨の意思が残せたとしたら、後継者以外の他の相続人との間に生じる交渉や争いを回避することができる可能性があります。

## 死亡危急時遺言の手続の流れとポイント解説

下図に死亡危急時遺言の手続の流れとポイントを示します。

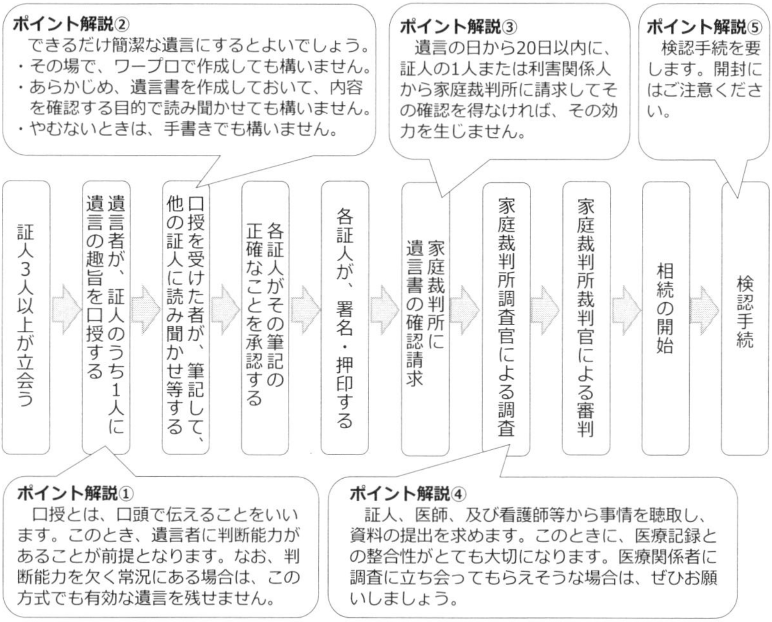

**ポイント解説②**
できるだけ簡潔な遺言にするとよいでしょう。
・その場で、ワープロで作成しても構いません。
・あらかじめ、遺言書を作成しておいて、内容を確認する目的で読み聞かせても構いません。
・やむないときは、手書きでも構いません。

**ポイント解説③**
遺言の日から20日以内に、証人の1人または利害関係人から家庭裁判所に請求してその確認を得なければ、その効力を生じません。

**ポイント解説⑤**
検認手続を要します。開封にはご注意ください。

証人3人以上が立会う → 遺言者が、証人のうち1人に遺言の趣旨を口授する → 口授を受けた者が、筆記して、他の証人に読み聞かせ等する → 各証人がその筆記の正確なことを承認する → 各証人が、署名・押印する → 家庭裁判所に遺言書の確認請求 → 家庭裁判所調査官による調査 → 家庭裁判所裁判官による審判 → 相続の開始 → 検認手続

**ポイント解説①**
口授とは、口頭で伝えることをいいます。このとき、遺言者に判断能力があることが前提となります。なお、判断能力を欠く常況にある場合は、この方式でも有効な遺言を残せません。

**ポイント解説④**
証人、医師、及び看護師等から事情を聴取し、資料の提出を求めます。このときに、医療記録との整合性がとても大切になります。医療関係者に調査に立ち会ってもらえそうな場合は、ぜひお願いしましょう。

（取材：元裁判官 千葉公証役場 公証人 小宮山茂樹先生）

危急時遺言は、一生に一度使うかどうかの遺言方式ですが、この遺言方式を知っていることが大切です。

あのとき知っていればよかったと思うような法律や制度はたくさんあると思います。こうした緊急時にも相談できる法律の専門家が身近にいると安心できると思います。

なお、危急時遺言は、災害時に仮設住宅に住むようなものです。危急時遺言の手続を経た後に、未だ本人に遺言能力がある場合には、できるだけ公正証書による遺言書を残すようにしましょう。

## 公証人に自宅や病院に出張してもらい、契約をする

公証人は、法令に違反した事項や無効な法律行為等について、証書を作成することはできません（公証人法26条）。公証人には、契約当事者の意思能力の有無を確かめ、契約に違法または無効となる点がないか審査をする権限があります。

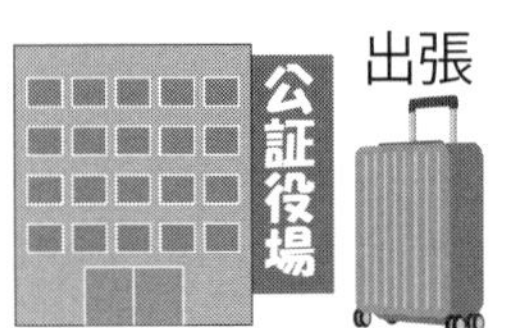


加えて、病気等のために、本人が公証役場に出向くことができない場合には、公証人に病院等に出張してもらうこともできます。ただし、出張を依頼すると、費用が1.5倍となります。

任意後見契約や信託契約が成立するに足る判断能力の程度については、公証人の判断を仰ぐことも対応として考えられるでしょう。

ただし、公正証書を作成するにあたり、公証人に対して虚偽の申立てをして、不実の記載をさせたときには、公正証書原本不実記載等の刑事罰を問われる可能性があります。不実の記録をさせた者は、５年以下の懲役または50万円以下の罰金に処するとされています。

公証人も該当します。

刑法第157条
１　**公務員**に対し**虚偽の申立て**をして、登記簿、戸籍簿その他の権利若しくは義務に関する公正証書の原本に**不実の記載をさせ**、又は権利若しくは義務に関する公正証書の原本として用いられる電磁的記録に**不実の記録をさせた者**は、**5年以下の懲役又は50万円以下の罰金**に処する。

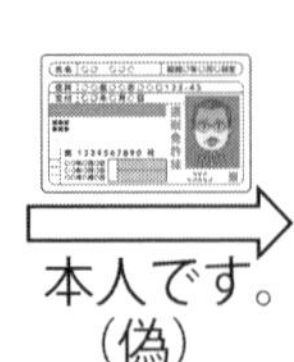


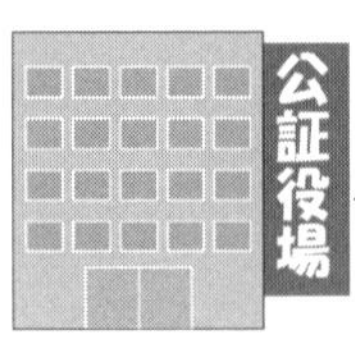

# 2　社長が判断能力を失った後の会社の対応

## 代表者が不在になったときに使う制度

ここからは、社長が判断能力を失った後の会社の対応について見ていきましょう。代表取締役に成年後見人が付され、任期途中で退任したときに、後任者がいなければ、代表者不在による種々の問題が生じます。

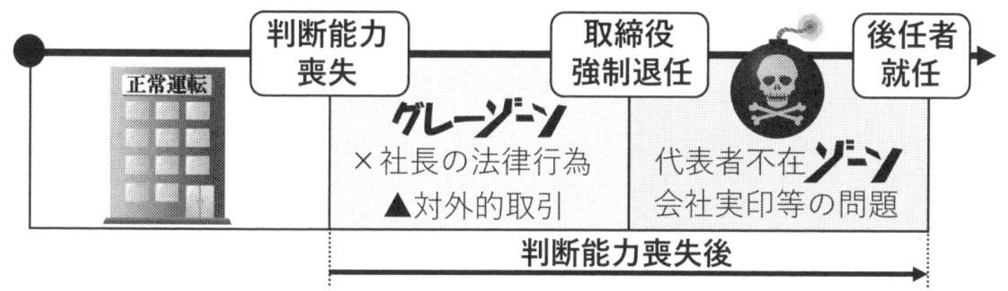


### 権利義務代表取締役になることはできない！

会社法は、退任した代表取締役が、後任者が就任するまで、なお代表取締役としての権利義務を有する（権利義務代表取締役）規定を置いています（会社法351条1項）。しかし、権利義務代表取締役となることができるのは、任期満了または辞任により退任した代表取締役のみです。成年後見人が付されて取締役退任となった場合に、この規定による救済はありません。

第4章
まだできることがある!? 社長が判断能力を失った後にやること

## 代表権付与

後任者の選任ができず、代表者不在のまま、会社の実印が変更できなければ、それ以降の会社の契約が、法的に不安定な状態になります（131頁）。

実は、取締役会を設置していない会社の場合、定款の定め次第（注56）ですが、残存する他の取締役が自動的に代表取締役に就任することがあります。

それは、「代表権付与」を原因として登記される場合です。限定的ながら、代表取締役が退任となったとき、代表取締役の選任手続を経ることなく、残存する取締役が代表取締役となり、会社実印を変更することができる場合もあるのです。頭の片隅に置き、適宜、法律の専門家に相談しましょう。

（注56）例えば、定款に「当会社に取締役２名以内を置き、取締役の互選により代表取締役１名を置く。」と定めた場合（松井信憲『商業登記ハンドブック〔第２版〕』52頁（商事法務、2009）

## 一時代表取締役

会社の代表取締役が欠けた場合、一定の要件を満たせば、利害関係人（取締役、株主、監査役、従業員、債権者等）が、一時代表取締役の職務を行うべき者の選任を裁判所に申し立てることができます（会社法351条２項）。

裁判所は必要に応じて、一時代表取締役の職務を行うべき者を選任します。会社の債権者は、選任された一時代表取締役に対し催告等の通知（38頁）をすることができます。

## 成年後見人が取締役等の職務執行を代理してくれるの？

「会社法上、成年被後見人等が取締役等であるときに、成年後見人（または代理権が付与された保佐人）は、職務の執行を代理することはできないものと解すべきであると考えられ」(注57) ています。

取締役は、個人の能力に着目して選任されますが、成年後見人は、「会社の承諾なく交代する可能性があり、会社法上の取締役等の責任も負いません」(注58)。まして、親族でもない限り、社長の意を汲んで、経営の舵を切ることは困難です。

（注57）（注58）法制審議会会社法制（企業統治等関係）部会第10回会議（平成30年2月14日）部会資料17「取締役等の欠格条項の削除に伴う規律の整備の要否」5頁

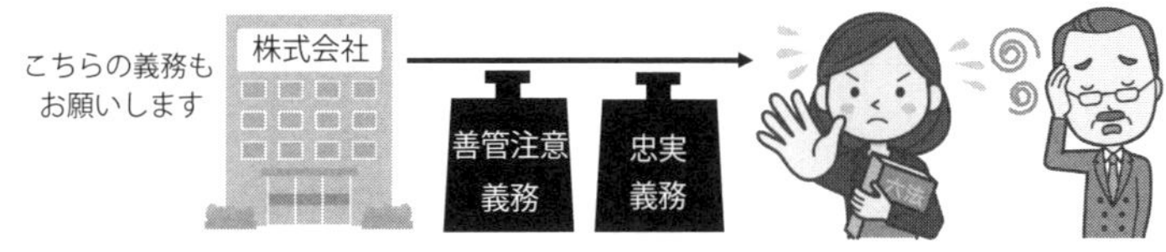


## 親族後見人が家庭裁判所の連絡票を駆使して、議決権行使等を行う！

社長の意思を知る親族後見人であれば、適宜、家庭裁判所の連絡票（159頁）を利用しながら、株主総会における議決権の代理行使をする等、後任が決まるまでの一時的な対応を行うことが期待できます。

成年後見制度については、欠格条項の撤廃（26頁）に加え、親族後見人が望ましいという見解を最高裁が示しました。

成年後見制度は、転換期を迎えようとしているのでしょうか？

## 3　最高裁が見解を示した！「親族後見人が望ましい」

### 成年後見制度は、転換期にある!?

2012年度（平成24年度）に、初めて親族以外が成年後見人等に選任される件数が全体の半数を超えました。それ以降、親族が成年後見人等に選任される割合が減少していますが、今転換期を迎えようとしています。

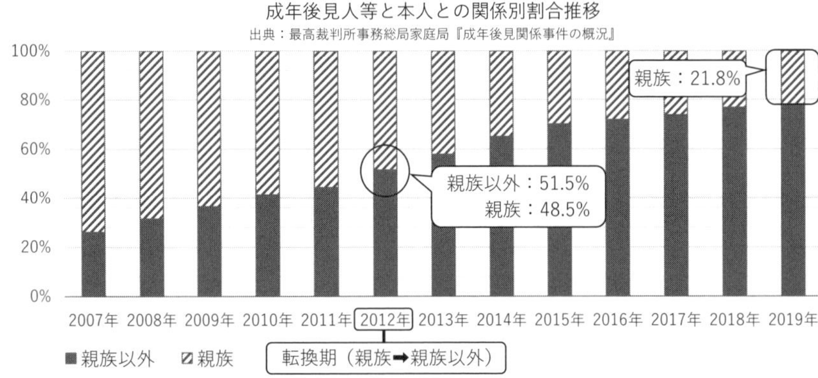


### 保守と運用のバランスが難しい

成年後見人等が不正を働くと、家庭裁判所も責任を問われることがあるため（54頁）、制度の適用にあたり、保守的にならざるを得ません。

かたや、わが国は世界一といわれる高齢化率を記録し、今なお上昇しています。本制度の運用面の見直しが求められるでしょう。

## ついに最高裁が見解を示した！「親族後見人が望ましい」

平成31年（2019年）３月18日に、最高裁判所が次の見解を示しました。「本人の利益保護の観点からは、後見人となるにふさわしい親族等の身近な支援者がいる場合は、これらの身近な支援者を後見人に選任することが望ましい」[注59] としています。

(注59) 厚生労働省　第２回成年後見制度利用促進専門家会議（平成31年３月18日）配布資料３「適切な後見人の選任のための検討状況等について」

## 法定後見制度の実務ポイントは３つ！

法定後見制度について、第１章で示したとおり、次のような否定的な意見を見聞きすることがあります。

☒ 親族が後見人になることは、ほとんどない。
☒ 高齢だと後見人になることは、ほとんどない。
☒ 後見開始の審判が下りるまで何か月もかかる。

一方で、実務では、先述した最高裁の見解が示される前にも、

☐ 希望どおり、親族が後見人に選任されました。
☐ 80歳代の方が成年後見人に選任されることもありました。
☐ 申立てをして15日[※1] で後見開始の審判[※2] が下りています。

（※１）初日不算入の原則による日数計算
（※２）希望どおり親族後見人のみ選任されました。

これらの実例で共通する点は、主に次の３つです。

| | |
|---|---|
| 1 | 申立てをする前に、制度を十分に理解する！ |
| 2 | クリティカル・シンキングを行う！ |
| 3 | 申立てをする前に、対策を十分に行う！ |

## COLUMN

### 高齢者のペットロス問題

飼い主が亡くなっても、ペットが相続人になることはありません。
「私がいなくなったら、うちのコ(注60)はどうなるの？」

社長や社長の奥様から、こうした相談を受けることがあります。

わがコの面倒を見られなくなる場合に備え、信託を利用することも考えられるでしょう(注61)。実際には、「最後まで面倒見てあげられないから、もう飼わないと決めたの」とペットロスに陥り、悲しみが癒えないまま、自らの認知症対策を検討する方もいます。

認知症対策は、総合栄養食というペットフードの原材料の配合に似ていると思います。総合栄養食とは、新鮮な水と一緒に与えるだけで、それぞれの成長段階における健康を維持することができるように、理想的な栄養素がバランスよく調製されているペットフードです（出典：ペットフード公正取引協議会HP「ペットフードの表示について」https://pffta.org/hyouji/about.html）。

この総合栄養食には、多くの原材料が配合されます。なぜなら、1つの原材料だけでは、必要な栄養素が摂取できないからです。

認知症対策にも同じことがいえるのではないでしょうか？　1つの対策だけでは、十分に保護・支援できないことがあります。そういうときは、他の対策も行う（配合する）ことを検討するとよいでしょう。

判断能力が不十分な方を法律で保護・支援する制度である法定後見制度にしかできないことがあります。法定後見制度を正しく理解することは、他の認知症対策にも生きてくると思います。

（注60）わが子のように大切にされている動物のこと
（注61）英米では、ペットを飼育するための信託等が存在しています（田中和明『信託法案内』267頁（勁草書房、2019））。

第5章

# 転換期を迎えた!?<br>「親族後見人が望ましい」成年後見の実務

どのような制度でも、十分に理解しないで利用すると、闇が生じます。特に、成年後見制度は十分な理解と事前の対策をしないで利用することはおすすめできません。

本章では、実務を踏まえた法定後見制度の申立て時のポイントを解説するとともに、最高裁の見解が示される前から、希望通りに親族後見人が選ばれた実例を紹介します。なお、本書は、やみくもに成年後見制度の利用を勧める書籍ではありません。あしからずご理解ください。

# 1　申立てをする前に、制度を十分に理解する！

## 1　どのように制度を利用するの？

成年後見制度は家庭裁判所に申立てをすることを要します。まずは、申立てについて、前提事項とその手順を確認しましょう。なお、本章では、任意後見を除く、成年後見制度（法定後見制度）を前提に説明します。

### 申立書が全国統一書式に変更！

地域の実状に即した司法が行われる観点から、これまで各地の家庭裁判所ごとに後見等開始申立書の書式が異なっていましたが、全国の家庭裁判所で使用できる統一書式が作成され、令和２年（2020年）４月１日から運用が開始されました。

ただし、成年後見申立ての手引は各地の家庭裁判所ごとに異なります。また、成年後見制度に対する見解は、制度を利用された方によって様々です。

### 成年後見制度の申立ての手順

成年後見制度の申立ての手順を確認しましょう。

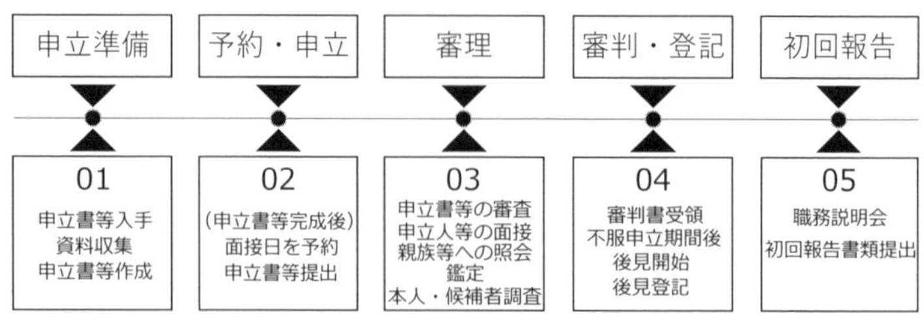

## 申立てをする家庭裁判所

申立書等は、本人の住所地を管轄している家庭裁判所に提出します。本人が施設に入所している場合もあるかと思いますが、ここでいう住所地とは、住民票に登録されている住所地のことをいいます。

裁判書のウェブサイトにて、管轄区域を確認しましょう。

(https://www.courts.go.jp/saiban/tetuzuki/kankatu/index.html)

なお、本人の住民票は申立時の添付書類になりますが、申立日から3か月以内のものとなりますので、その点はご注意ください。

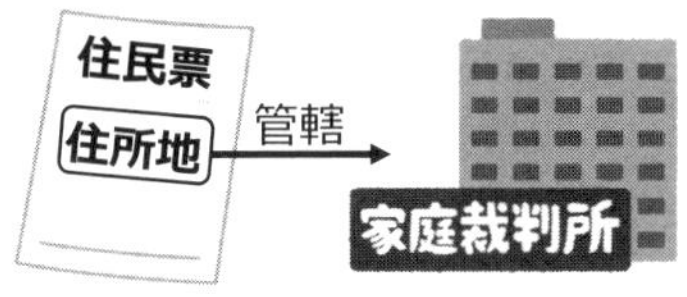


## 申立てができる人

成年後見制度は、誰でも申立てができるわけではありません。次の図のとおり、申立てができる人が制限されています。

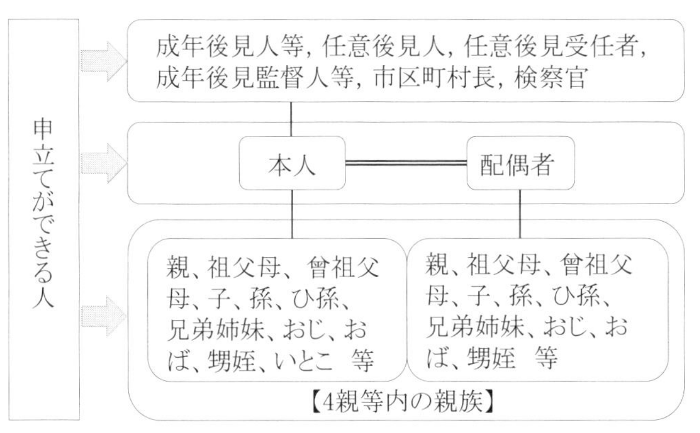

## 申立てをすると、簡単に取り下げることはできません！

一度申立てをすると、相応な理由がない限り、取り下げることができません。取り下げるには、家庭裁判所の許可を要します。

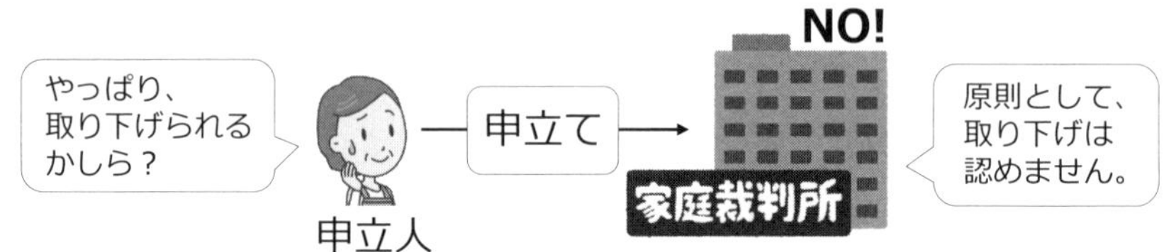


## 成年後見人等になることができない人

成年後見人等になるのに資格はいりません。法人ですら、成年後見人等に選ばれることがあります。しかし、成年後見人等に適さない者もいます。成年後見制度は、成年後見人等になることができない者を定めて、それ以外は誰でも後見人になることができる決まりとなっています。

**■成年後見人等になることができない者**

| |
|---|
| ☒ 未成年者（申立て時に満20歳未満、2022年４月１日から満18歳） |
| ☒ 成年後見人等を解任された人 |
| ☒ 過去に破産手続開始決定を受けたが、復権していない人 |
| ☒ 本人に対して訴訟をしたことがある人、その配偶者または親子 |
| ☒ 行方不明である人 |

（出典：東京家庭裁判所『令和２年４月　成年後見・保佐・補助申立ての手引』11頁）

## 不服を申し立てることはできない！

成年後見人等は、家庭裁判所が職権で選任します。申立人等は、誰を成年後見人等に選任するかという点について、家庭裁判所の判断に不服申立てをすることはできません。ただし、申立人が成年後見人等の候補者（以下、後見人等候補者）を希望することはできます。

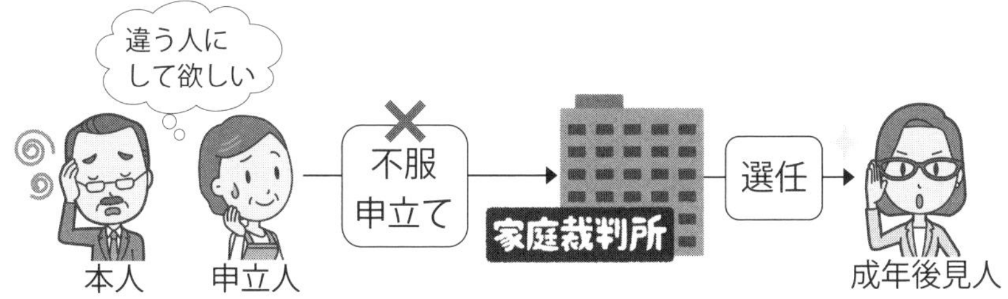


その他、申立て時に注意すべきことは、主に以下のような事項です。

| |
|---|
| ■　申立ての費用は、原則として、申立人が負担します。 |
| ■　一度、成年後見人等に選任されると、簡単に辞めることはできません。次の事由が生じるときまで、後見等を続けることになります。<br>・絶対的終了[※1]（本人の死亡、後見等開始審判の取消し（能力の回復））<br>・相対的終了[※1]（成年後見人等の死亡、家庭裁判所の許可を得て辞任等） |
| ■　家庭裁判所は、成年後見人等または成年後見監督人等に、相当な報酬を与えることができるとされています[※2]。<br>専門家や法人が成年後見人等に選ばれた場合には、通常、報酬が請求されるでしょう。後見等が終了するまで、本人の財産から報酬を払い続けることになります。ただし、報酬の額については、家庭裁判所が決定します。 |
| ■　申立書等には本人の財産の内容も記載されています。家庭裁判所が認めた場合、利害関係人に申立書等を見せることがあります。 |
| ■　成年後見人等に選ばれると、家庭裁判所への報告義務が生じます。原則年に１回、家庭裁判所に定期報告をしなければなりません。 |

（※１）新井誠・赤沼康弘・大貫正男編『成年後見制度―法の理論と実務〔第２版〕』150頁（有斐閣、2014）

（※２）報酬付与の申立て

成年後見人等が本人の財産から報酬を求める場合、家庭裁判所に「報酬付与の申立て」を提出する必要があります。

### 手順１　申立ての準備　―対策を十分に行う―

先述した成年後見制度の申立ての手順に沿って、概要を確認していきましょう。まずは、下表に示すとおり、申立書等を作成します。

なお、手続の詳細については、管轄の家庭裁判所が用意する手引をご参照ください。

| | |
|---|---|
| ①申立書等入手 | 申立書等は、家庭裁判所の窓口で直接入手できるほか、ウェブサイトからダウンロードすることができます。 |
| ②資料収集 | 管轄の家庭裁判所が提出書類の一覧表を用意していると思います。そちらを利用して必要な書類を揃えてください。 |
| ③申立書等作成 | 管轄の家庭裁判所の求めに応じて、書類を作成してください。収入や財産など、私的な情報を記入する欄が設けられていますので、書類の管理にはご注意ください。 |
| ④書類を一晩寝かせる | 申立書等が作成できたら、一晩寝かせましょう。234頁以降で後述する「３　申立てをする前に対策を十分に行う！」のステップを踏んでください。 |

### 手順２　予約・申立て　―面接日の予約―

申立書等を提出した後に、申立人及び後見人候補者等は、家庭裁判所の参与員等（調査官が同席する場合もあります）と面接をすることになります。申立書等の準備ができてから、家庭裁判所に面接日の予約をします。

面接日の予約が取れたら、指定日までに、申立書等を直接窓口に提出するか、郵送で提出します。

### 手順３　審理　―家庭裁判所で面接―

申立人及び後見人等候補者に対して、１～２時間程度、家庭裁判所にて面接が行われます。東京家庭裁判所では、20分程度、成年後見制度を説明する映像を見てから、面接が行われています。この面接のときに、申立書等に反映できなかったことがあれば、くわしく事情を説明しましょう。

### 手順４　審判・登記　―郵送で審判書が届く―

「裁判官が、当事者から提出された書類や家庭裁判所調査官の行った調査の結果等種々の資料に基づいて判断を決定する手続」(注62) を審判といいます。家庭裁判所から郵送される審判書に、選任された成年後見人等の名前が記されています。そして、審判書が届いてから２週間以内に不服申立てがないと、審判が確定します。

(注62) 裁判所HP「裁判手続 家事事件Q&A　Q. 審判とはどのようなものですか」
https://www.courts.go.jp/saiban/qa/qa_kazi/index.html

後見等開始の審判の内容は、登記されます。家庭裁判所が法務局に依頼して、登記をしてもらいます。本人、申立人、成年後見人等が登記手続を行うわけではありません。なお、登記内容は一般に公開されません。

### 手順５　初回報告　―提出期限までに提出―

成年後見人等に選任され、その効力が発生したら、提出期限までに家庭裁判所に初回報告をしなければなりません。提出期限までに提出ができないと、追加で弁護士等の専門職が、成年後見人等または監督人に選任されたりすることもありますので、注意しましょう。

なお、初回報告の提出期限について、東京家庭裁判所では、審判の日（審判書に記載されている日です。審判が確定した日ではありません）から２か月以内に、次の書類等を提出するとしています。

| □ 財産目録 |
|---|
| □ 年間収支予定表（向こう１年間の収支） |
| □ 添付書類として、預貯金通帳等の写し |

実際には、審判書に同封される書面に、初回報告の提出期限が記載されていますので、そちらを確認してください。

## COLUMN

### 成年後見人でもできないこと

「恋愛と結婚は別！」筆者が20代後半に差し掛かったときに、17時過ぎになると、どこからともなく聞こえてきた言葉です。相続実務に携わるようになってから、その言葉の真意を理解しました。

配偶者は、相続人の中でも別格です。血族相続人（子、直系尊属、兄弟姉妹等）は、相続人になることができる順位が決まっていますが、配偶者には特別シード枠が与えられており、常に相続人になることができます。加えて、税金面も優遇されています。配偶者控除という制度があり、配偶者が相続した財産は最低１億6,000万円までは、相続税がかかりません。

民法が配偶者を保護しきれていない点があるとすれば、成年後見人が、本人の身分行為（婚姻、離婚、養子縁組等）を取り消すことができないことでしょうか？　婚姻能力があったとしても、判断能力が不十分な状態では、容易に誘導されてしまいそうです。配偶者は常に相続人になれますが、１人限定です。前妻（前夫）は相続人にはなれません。後妻（後夫）が相続人になり、相続財産を承継します。

「最後の恋」をしようと誘導されて、訳も分からず、長年連れ添った人を裏切ることがあるのでしょうか？「恋愛と結婚は別」だと割り切っていたのに、お金（相続財産）との縁まで切れてしまえば、やり切れないでしょう。

一方で、成年後見人が身分行為まで代理権を有していても困ります。判断能力喪失後に、成年後見人が選んだ人と婚姻させられても、責任が取れません。

人生100年時代！　判断能力喪失後も長く生きたいと思いますか？　それとも、短く濃い（恋？）人生を送りたいですか？（人生は）つづく。

## 2　成年後見制度の実務　―限らないシリーズ―

ここでは、東京及び千葉の家庭裁判所における後見開始の申立ての結果を基に、実務上のポイント（気づき）を共有します。

### 家庭裁判所が画一的に処理するとは限らない。

成年後見制度を利用する目的、状況などは申立て案件ごとに異なります。家庭裁判所は、それらの案件を杓子定規に処理するわけではなく、個々の事案ごとに、その背景や状況等を総合的に勘案して、審判を下します。

家庭裁判所は、申立人が希望した後見人等候補者が成年後見人等として適任であるか否かをはじめに検討します。

（最初から、弁護士等の専門職団体が家庭裁判所に提出した後見人等候補者名簿から選ぶわけではありません。）

### 後見人が決まるまで何か月もかかるとは限らない。

東京家庭裁判所の「令和２年４月 成年後見・保佐・補助申立ての手引」９頁では、申立てから審判まで約１か月から２か月、事案の内容によっては２か月以上かかると案内されています。反対に、実務では、申立てから審判まで１か月かからないこともあります。

### 高齢だと後見人になれないとは限らない。

希望した後見人等候補者が、成年後見人等に選ばれない場合の一例として、後見人等候補者が「健康上の問題」や「多忙」等の理由で、適正な後見事務を行うことができない、または行うことが難しいと判断された場合が挙げられています。

「健康上の問題」については、家庭裁判所は、年齢という物差しだけで適任であるか否かの判断はしていないようです。賛否あると思いますが、実際のところ、80歳代の方も成年後見人に選ばれています。

### 高額な預貯金等の管理方法は信託の一択とは限らない。

本人に、一定金額以上の預貯金等がある場合、後見制度支援信託を検討することになるでしょう。後見制度支援信託とは、日常的な支払いをするために必要な金銭を後見人が管理し、それ以外の通常使用しない金銭を信託銀行等に信託する仕組みのことです。

東京家庭裁判所では、500万円以上の預貯金等がある場合、後見制度支援信託の利用を検討するとしています。ただし、1,000万円以上の預貯金等でなければ、後見制度支援信託を利用できない信託銀行等もあります。また、後見制度支援信託を商品としている信託銀行等を探すことが難しい地域もあるでしょう。

**CHECK　後見制度支援預貯金もあります！**

後見制度支援信託と類似する仕組みとして、後見制度支援預貯金があります。後見制度支援預貯金は、家庭裁判所と連携した信用金庫・信用組合等が扱う商品で、口座開設には、家庭裁判所の指示書が必要になります。日常的な支払いをするために必要な金銭を小口預貯金口座にて、成年後見人が管理し、それ以外の通常使用しない金銭は、家庭裁判所の報告書・指示書がないと入出金ができない別口座を設けて、管理する仕組みです。

一般に、後見制度支援預貯金は、最低預入金額の設定がなく、管理手数料もかかりません。

後見制度支援預貯金を利用したい場合は、その旨を申立書等に記載しておくとよいでしょう。

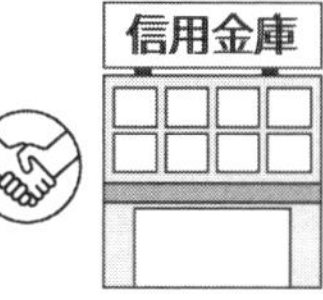

# 2　クリティカル・シンキングをする！

## 1　何でも「鵜呑みにしない」シリーズ

次のようなことを鵜呑みにせず、判断能力が不十分な方にとっての「最善の利益（ベスト・インタレスト）」を考え抜きましょう。

**■鵜呑みにしてはいけないこと**

| | |
|---|---|
| ❶ | 申立書等は書式が決められている。 |
| ❷ | 成年後見人等は１人だけ選ばれる。 |
| ❸ | 法定後見制度を利用したら、もう任意後見制度（契約）は使えない。 |

### ❶　鵜呑みにしない「申立書等は書式が決められている」

申立書等は加工することができます。むしろ、加工すべきでしょう。申立書等には、申立ての理由や動機を記入する欄があります。書き込むスペースが足りなければ拡張しましょう。

家庭裁判所に、実情をよく知ってもらう主な手段は、申立書等の提出と面接の２つです。申立書等の記入欄が足りなくて説明ができなかった。これでは、説明できる１つのチャンスをみすみす逃してしまっています。

**POINT　書類が不備なく、整っていることが重要です。**

手書きに比べ、パソコン等で打ち込まれた文字の方が「字が読めない」ということが少ないでしょう。受け取る側に負担をかける書類を提出してはいけません。管轄の家庭裁判所のウェブサイトからword形式の申立書等をダウンロードし、パソコン等で書類を作成することをおすすめします。

適宜、記入欄を拡張するにも、word形式の申立書等が向いています。

### ❷　鵜呑みにしない「成年後見人は１人だけ選ばれる」

現行制度上、成年後見人の人数に制限はありません。本人１人に対して、複数の成年後見人が選ばれることがあります。

例えば、親族後見人が、身上監護を行い、専門職後見人が財産管理を行うというように、後見事務を分掌する事例も見受けられます。

**POINT　あえて複数の後見人を希望することもあります！**

複数の成年後見人が後見事務を行うと、主に次のことが期待できます。

| |
|---|
| □ 成年後見人同士で、相互牽制を働かせることで、不正や手続の漏れを未然に防止すること |
| □ １人当たりの後見事務の負担軽減 |

親族後見人が選任された後、家庭裁判所の職権により、追加で専門職後見人や成年後見監督人が選任されることもあります。その一方で、本人、その親族その他の利害関係人等が、家庭裁判所に対して、成年後見人を補充するように申立てをすることもできます。

なお、最高裁判所と全国の家庭裁判所は、必要に応じて、柔軟に後見人の交代や追加選任を行う方針を共有しています。

### ❸ 鵜呑みにしない「法定後見を利用したら任意後見は使えない」

法定後見制度から任意後見制度（契約）に移行することも考えられます。「法定後見が開始している者であっても、法定後見人の同意又は代理によって、任意後見契約を締結することができます。この場合、裁判所は、任意後見監督人の選任申立てがあると、法定後見の継続が本人の利益のため特に必要と認める場合以外は、選任申立てを容認しなければならない」とされています。（日本公証人連合会HP「Q. 本人の判断能力が衰えてからでも、任意後見契約を締結できますか？」http://www.koshonin.gr.jp/business/b02）

## 2 複数の成年後見人が選任された審判書

複数の後見人が選任されたときの審判書例を２つご紹介します。

### ❶ 後見事務を分掌しない審判書

平成●年（家）第●号　後見開始の審判申立事件

審　判

住所　●県●市●町●丁目●番地
申立人　本坂　月子
本籍　●県●市●町●丁目●番地
住所　●県●市●町●丁目●番地
本　人　本坂　花子
昭和●年●月●日生

本件について、当裁判所は、その申立てを相当と認め、次のとおり審判する。

主　文

1　本人について後見を開始する。
2　本人の成年後見人として申立人及び次の者を選任する。
住所　●県●市●町●丁目●番地
氏名　本坂　雪子
3　手続費用のうち、申立手数料、後見登記手数料、送達・送付費用は本人の負担とし、その余は申立人の負担とする。

平成●年●月●日
●●家庭裁判所家事第●部
裁判官　千葉 一郎　印

これは謄本である
前同日同庁
裁判所書記官　藤　三郎　印

## ❷ 後見事務を分掌する審判書

平成●年（家）第●号　後見開始の審判申立事件（甲事件）
平成●年（家）第●号　数人の成年後見人の権限行使の定め事件
（乙事件・職権）

審　判

住所　●県●市●町●丁目●番地
　　申立人　本坂　月子
本籍　●県●市●町●丁目●番地
住所　●県●市●町●丁目●番地
　　本　人　本坂　花子
　　　　昭和●年●月●日生

当裁判所は、甲事件についてはその申立てを相当と認め、乙事件については職権により、次のとおり審判する。

主　文

1　本人について後見を開始する。
2　本人の成年後見人として甲事件申立人及び次の者をそれぞれ選任する。
　住　所　●県●市●町●丁目●番地
　氏　名　本坂　雪子
　事務所　●県●市●町●丁目●番地
　　　　　●●法律事務所
　氏　名　弁護士　山名　四郎

申立人 本坂月子と
次の者 本坂雪子と
弁護士 山名四郎の
3名を成年後見人に
選任するという意味です。

3　成年後見人本坂月子、成年後見人本坂雪子及び成年後見人山名四郎は、別紙のとおり事務を分掌してその権限を行使しなければならない。
4　手続費用は甲事件申立人の負担とする。

平成●年●月●日
●●家庭裁判所家事第●部
裁判官　千葉　一郎　印

これは謄本である
同日同庁
裁判所書記官　藤　三郎　印

1/2

（別紙）　権限行使の定め

1　成年後見人本坂月子及び成年後見人本坂雪子は、次の事務を分掌する。

　身上監護

2　成年後見人山名四郎は、次の事務を分掌する。

　1以外の事務

2/2

# 3 申立てをする前に、対策を十分に行う！

## 1 まずは、858と３回唱える！

試しに「858」と３回唱えてみましょう。「858!」「858!」「858!」

### 大切な条文番号858

３回唱えると、しばらく忘れることはないと思います。「858」とは、民法の条文番号です。成年後見人の行動指針となる大切な条文になります。

民法858条（成年被後見人の意思の尊重及び身上の配慮）
成年後見人は、成年被後見人の生活、療養看護及び財産の管理に関する事務を行うに当たっては、成年被後見人の**意思を尊重**し、かつ、その**心身の状態及び生活の状況に配慮**しなければならない。

本人の意思を尊重し、かつその心身の状態及び生活の状況に配慮できる者が成年後見人になるべき適任者です。このことを念頭に置きましょう。

### 誰のための制度なの？

制度を利用して、「こんなはずではなかった」と後悔しても後の祭りです。

この制度の利用を否定的に捉えてしまうのは、誰のための制度なのか十分に理解していなかったことにあるのではないでしょうか？

この制度は、判断能力が不十分な方を保護・支援する制度です。

## 2 申立てをする前に、自らに問いかけてみる！

成年後見制度の申立てをする前に、（1）制度理解、（2）事前対策、（3）書類反映の３STEPを踏みましょう。書類作成に終始してはいけません。その前に制度理解と事前対策を要します。

### 申立人は、自らに質問を投げかけてみよう！

申立てをする前に、次の７つの質問を自らに投げかけてみましょう。

| 視点 | No. | 質問内容 |
|---|---|---|
| 制度理解 | ❶ | なぜ、この制度を使うの？ |
| | ❷ | 手引は、読み終えた？ |
| 事前対策 | ❸ | 親族（推定相続人）間で争いはない？ |
| | ❹ | 後見人等候補者は、誰が見ても適任だと思う？ |
| | ❺ | 後見人等候補者は、収入が明かされても問題ない？ |
| 書類反映 | ❻ | 書類は、必要に応じて加工している？ |
| | ❼ | 書類は、すべて整っている？ |

それでは、順を追って、７つの質問の意図を確認していきましょう。

#### ❶ なぜ、この制度を使うの？

この制度を使う目的を必ず確認しましょう。制度を利用して、目も当てられない状況になることは避けなければなりません。

#### ❷ 手引は、読み終えた？

管轄の家庭裁判所の成年後見・保佐・補助申立ての手引は、申立てまでに、読み終えましょう。成年後見制度の性質上、申立て時には、制度及び手続に対する十分な理解が求められます。

申立人だけでなく、後見人等候補者にも同じことが言えます。申立て後に行われる面接では、後見人等候補者が手引を読み終えているかについても、家庭裁判所の参与員等から質問されるでしょう。後見人等候補者が面接時に参与員等に与える印象も重要です。

### ❸ 親族（推定相続人）間で争いはない？

成年後見制度の申立てにあたり、推定相続人（92頁※２）の同意書の提出が求められます。この同意書の署名押印を推定相続人にお願いするときに、本人の遺産の話になることがあります。後々の遺産分割を円満に進める対策も事前に検討しておきましょう。

状況にもよりますが、推定相続人全員から同意書が得られないと、家庭裁判所が、親族への意向照会をすることになり得ます。

加えて、推定相続人間で争いがあると、中立な立場に立てる専門職後見人が選任される可能性が高まるでしょう。

### ❹ 後見人等候補者は、誰から見ても適任者だと思う？

家庭裁判所は、民法843条に基づき、成年後見人を選任します。民法843条４項には、次の事情を考慮しなければならないと定められています。

| |
|---|
| ■ 成年被後見人の心身の状態並びに生活及び財産の状況 |
| ■ 成年後見人となる者の職業及び経歴 |
| ■ 成年被後見人との利害関係の有無 |
| ■ 成年被後見人の意見 |
| ■ その他一切の事情 |

後見人等候補者を選ぶときは、成年後見人等を選任する家庭裁判所の視点に立ちましょう。親族が成年後見人等に選任されても、報告書類が満足に作成できなければ、後から専門職後見人を付されることがあります。

### ❺ 後見人等候補者は面接時に収入が明かされても問題ない？

後見人等候補者を希望する場合には、後見人等候補者の事情を説明する書類を家庭裁判所に提出します。その書類には、後見人等候補者の収入、資産、負債など、一般的に秘匿したい個人的な情報を記入する欄があります。申立人にそれらの情報を伏せて、当該書類を提出できたとしても、面接時に家庭裁判所の参与員等に確認を取られ、同席する申立人に知られてしまうことがあります。その点については、ご承知おきください。

### ❻ 書類は、必要に応じて加工している？

必要に応じて、管轄の家庭裁判所に確認の上、申立書等の記載欄を拡張しましょう。文字にして伝えておくべきことがあると思います。

### ❼ 書類はすべて整っている？

提出書類に不備があると、時間を無駄にすることもさることながら、申立人を後見人等候補者として希望している場合には、家庭裁判所に対して、後見人等候補者の書類作成能力に疑念を抱かせてしまいます。

申立書に記入する添付書類のチェックリストを利用して、提出書類に漏れがないことを確認するとともに、書類に余白を入れる指定などについても改めて確認しましょう。

７つの質問を自らに問いかけた結果、「このまま提出していいのかな」と少しでも不安になった場合は、提出を控えましょう。一度申立てをすると簡単には取り下げられません。今一度、対策を練り直しましょう。

最後に、十分な対策をしてから、申立てをした実例をご紹介します。

## 3　ひと手間加えると結果が変わる！　申立てのレシピ（実例紹介）

最高裁の見解が示される前にも、親族後見人が選任されています。

### 申立てから15日で審判書が届いた実例

申立てから15日で（面接日の翌日に）審判書が届き、希望通り親族後見人のみ選任された実例です。80歳代の親族後見人も選任されました。申立書等は次のように加工しております。ご参考になりましたら幸いです。

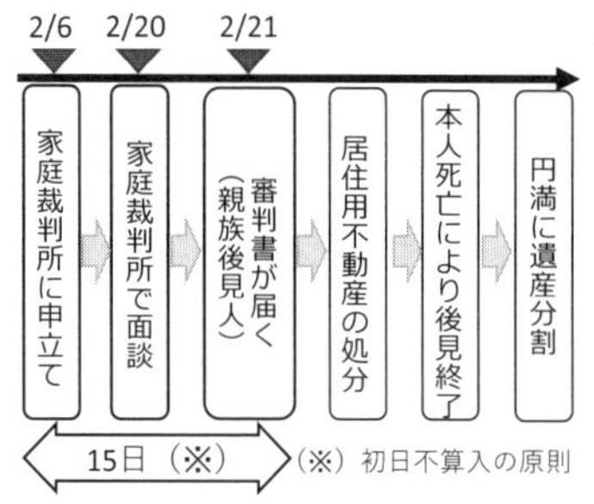


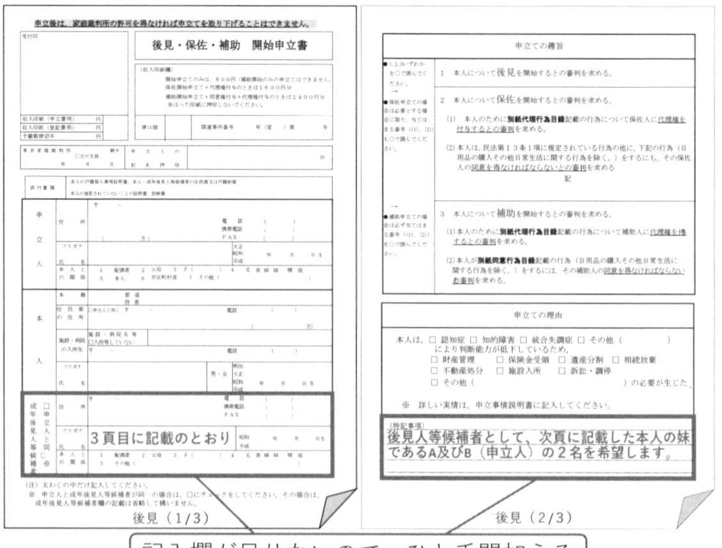

申立後は，家庭裁判所の許可を得なければ申立てを取り下げることはできません。

受付印

**後見・保佐・補助　開始申立書**

（収入印紙欄）
開始申立てのみは，８００円（補助開始のみの申立てはできません。
保佐開始申立て＋代理権付与のときは１６００円分
補助開始申立て＋同意権付与＋代理権付与のときは２４００円分
※はった印紙に押印しないでください。

| 収入印紙（申立費用） | 円 |
|---|---|
| 収入印紙（登記費用） | 円 |
| 予備郵便切手 | 円 |

| 準口頭 | | 関連事件番号　年（家　）第　号 |
|---|---|---|

| 東京家庭裁判所　御中<br>□立川支部<br>年　月　日 | 申立人の<br>記名押印 | 印 |
|---|---|---|

| 添付書類 | 本人の戸籍個人事項証明書，本人・成年後見人等候補者の住民票又は戸籍附票<br>本人の登記されていないことの証明書，診断書 |
|---|---|

| | | |
|---|---|---|
| 申立人 | 住所 | 〒　－<br>電話（　）<br>携帯電話（　）<br>FAX（　）<br>（　方） |
| | フリガナ<br>氏名 | 大正<br>昭和<br>平成　年　月　日生 |
| | 本人との関係 | 1　配偶者　2　父母　3　子（　）　4　兄弟姉妹　甥姪<br>5　本人　6　市区町村長　7　その他（　） |
| 本人 | 本籍 | 都道<br>府県 |
| | 住民票の住所 | □申立人と同じ　〒　－　電話（　）<br>（　方） |
| | 施設・病院の入所先 | 施設・病院名等<br>□入所等していない<br>〒　－　電話（　） |
| | フリガナ<br>氏名 | 男・女　明治<br>大正<br>昭和<br>平成　年　月　日生 |
| 成年後見人等候補者<br>□申立人と同じ※ | 住所 | 〒　－<br>電話（　）<br>携帯電話（　）<br>FAX（　） |
| | フリガナ<br>氏名 | 3頁目に記載のとおり　昭和<br>平成　年　月　日生 |
| | 本人との関係 | 1　配偶者　2　父母　3　子（　）　4　兄弟姉妹　甥姪<br>5　その他（　） |

（注）太わくの中だけ記入してください。
※　申立人と成年後見人等候補者が同一の場合は，□にチェックをしてください。その場合は，成年後見人等候補者欄の記載は省略して構いません。

後見（1/3）

申立ての趣旨

●1, 2, 3いずれかを○で囲んでください。
1　本人について後見を開始するとの審判を求める。

●保佐申立ての場合は必要とする場合に限り，当てはまる番号（(1)，(2)）も○で囲んでください。
2　本人について保佐を開始するとの審判を求める。
(1)　本人のために**別紙代理行為目録**記載の行為について保佐人に代理権を付与するとの審判を求める。
(2) 本人は，民法第１３条１項に規定されている行為の他に，下記の行為（日用品の購入その他日常生活に関する行為を除く。）をするにも，その保佐人の同意を得なければならないとの審判を求める
記

●補助申立ての場合は必ず当てはまる番号（(1)，(2)）を○で囲んでください。
3　本人について補助を開始するとの審判を求める。
(1) 本人のために**別紙代理行為目録**記載の行為について補助人に代理権を付与するとの審判を求める。
(2) 本人が**別紙同意行為目録**記載の行為（日用品の購入その他日常生活に関する行為を除く。）をするには，その補助人の同意を得なければならないとの審判を求める。

申立ての理由

本人は，□ 認知症 □ 知的障害 □ 統合失調症 □ その他（　）
により判断能力が低下しているため，
□ 財産管理　□ 保険金受領　□ 遺産分割　□ 相続放棄
□ 不動産処分　□ 施設入所　□ 訴訟・調停
□ その他（　）の必要が生じた。

※　詳しい実情は，申立事情説明書に記入してください。

（特記事項）
後見人等候補者として、次頁に記載した本人の妹であるA及びB（申立人）の２名を希望します。

後見（2/3）

記入欄が足りないので、ひと手間加える

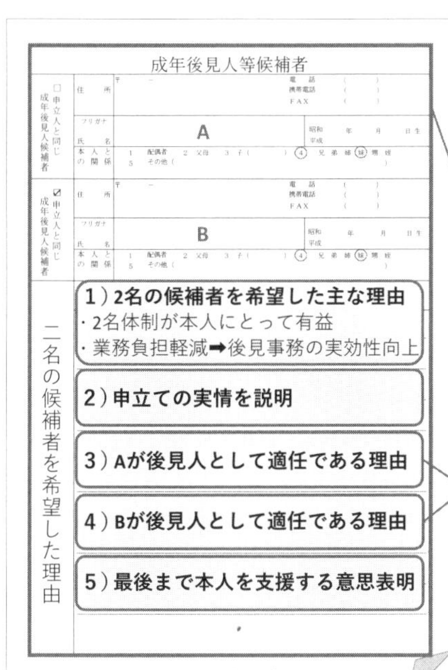

成年後見人等候補者

| | | |
|---|---|---|
| □申立人と同じ 成年後見人候補者 | 住所 | 〒 － 電話 ( ) 携帯電話 ( ) FAX ( ) |
| | フリガナ 氏名 | A 昭和 平成 年 月 日生 |
| | 本人との関係 | 1 配偶者 2 父母 3 子( ) ④ 兄弟姉妹 ⑤ 甥姪 5 その他( ) |
| ☑申立人と同じ 成年後見人候補者 | 住所 | 〒 － 電話 ( ) 携帯電話 ( ) FAX ( ) |
| | フリガナ 氏名 | B 昭和 平成 年 月 日生 |
| | 本人との関係 | 1 配偶者 2 父母 3 子( ) ④ 兄弟姉妹 ⑤ 甥姪 5 その他( ) |
| 二名の候補者を希望した理由 | | 1）2名の候補者を希望した主な理由<br>・2名体制が本人にとって有益<br>・業務負担軽減➡後見事務の実効性向上<br>2）申立ての実情を説明<br>3）Aが後見人として適任である理由<br>4）Bが後見人として適任である理由<br>5）最後まで本人を支援する意思表明 |

後見（3/3）

3頁目は、申立書等（旧書式）のひな型を基に作成しています。この書式は、実際に家庭裁判所に提出したものです。
申立書等のひな型に別途記入欄を設けることは、東京及び千葉の家庭裁判所の実務として認められています。
書式に変更があった場合でも、管轄の家庭裁判所に確認の上、適宜、書式を加工しましょう。

**民法858条を確認しましょう！**
本人の意思を尊重し、かつ、その心身の状態及び生活の状況に配慮しながら、後見事務（財産管理と身上監護）を行うことができる人を候補者として推薦します。

**ほんのひと手間を加えることが実務ではとても重要です。**



## 【重要】十分な理解なく利用すれば、どんな制度にも闇が生じる！

法定後見制度の賛否については、実際に利用したときの印象により、様々な意見が生じると思います。

法定後見制度を利用すべきではない事案もあるでしょう。本書は、やみくもに成年後見制度の利用を勧める書籍ではありません。制度を利用した後に、後悔しないよう十分に理解したうえで、対策を講じていただきたいと切に願います。

## COLUMN

### あやしい養子縁組が実際に起きています

オレオレ詐欺や高齢者を狙った訪問販売が後を絶ちません。残念ながら、判断能力が不十分な状態であることにつけ込んで、財産を奪おうとする者が世の中にいるのです。せめて、家族や親族の中にそのような人がいないと願いたいものですが、そうした願いがかなわず、親族で争いが生じた事例をご紹介します。

役所にて、認知症にかかった義母の腕を、娘婿が背後から押さえて養子縁組届に署名させた実例がありました。

娘婿を養子にすると、法律上は親子関係になりますので、義母（養親）が亡くなったときに、相続人となります。つまり、義母の相続財産を狙って、娘婿が養子縁組をしたのです。

しかし、世の中、悪いことはいつかバレるようです。魔が差した娘婿が役所で養子縁組の手続を済ませたときに、ばったり他の親族に遭遇したというのです。娘婿は、他の親族に訴えられることを恐れ、自ら１週間後に養子縁組を解消しました。その顛末として、戸籍謄本の身分事項に「養子縁組」と「養子離縁」の記録が残っています。

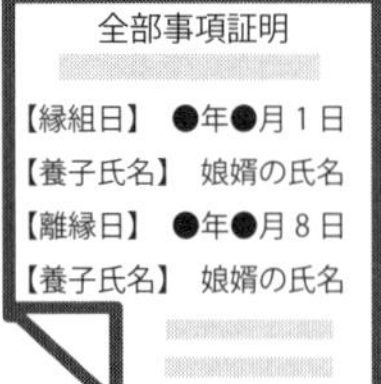

全部事項証明

【縁組日】　●年●月１日
【養子氏名】　娘婿の氏名
【離縁日】　●年●月８日
【養子氏名】　娘婿の氏名

知らないうちに、相続を巡る血肉の争いのもととなる記録が、戸籍に刻まれているかもしれません。成年後見人でも身分行為の取消しはできないので、ご注意ください。

# 第6章

# 外れを引かない！<br>事業承継の専門家の選び方

スマートフォンの普及により、手軽にインターネットを介して、専門家を探せる時代です。しかし、インターネットを介する関係は回線が切れてもつながっているのでしょうか？

つながる感じがする時代に、どこか虚しさを覚える方もいることでしょう。信頼できる人と心でつながっていたいものですね。

優秀な専門家はたくさんいます。特に、事業承継の場面では、信頼できる専門家を選んで欲しいと思います。

# 1　事業承継の専門家とは

## 1　事業承継は、走りながらのバトンパス！

### テイク・オーバー・ゾーンでバトンを渡すことが大切

経営者は、会社の事業が、反復・継続して行われている最中に、後継者にバトンを渡します。会社の事業が失速しないように、様々な対策を練ってから、バトンを渡す必要があるでしょう。

例えば、リレーでは、バトンを渡す区域（テイク・オーバー・ゾーン）が決められています。これを超えると失格です。スムーズにバトンを渡し、次の走者が加速できるように、前の走者と次の走者が並走できる区域が設けられているのです。事業承継も同様です。経営者は、テイク・オーバー・ゾーン内を並走しながら、後継者教育をします。時には、障害物に対しコーチ（専門家）を付けることも必要となるでしょう。

COLUMN

## ポンコツ後継者。すぐにつまずき、妖精になる!?

入社３日目に、インフルエンザにかかり不在になったポンコツ後継者がいるそうです。……すみません。またもや筆者のことです。

入社したての頃の私は、まるで、アフリカのサバンナに放たれた小鹿のようでした。背筋をピンとして、気配を察し、無駄にキョロキョロしていたので、とても疲れました。

入社３日目の午後、急に寒気を感じました。窓際に座っているから寒いのだろうと、再び背筋をピンとしてみたところ、関節が痛みます。家には、まだ幼い娘がいます。インフルエンザが流行していた時期だったので、心配になってきました。もし、私がインフルエンザにかかっていたら、娘にうつしてしまいます。念のため、家に帰る前に病院に行くことにしました。

病院で検査をすると、「陽性です」とお医者さんに言われました。

「私は妖精ですか？」意識が朦朧となりながらも聞き返すと、

「インフルエンザです。」お医者さんは、間髪入れずに答えました。

インフルエンサー（注63）になろうとして、

インフルエンザー（注64）になってしまった後継者…

それから数日に渡って仕事を休み、療養先のベッドの上で、天井の模様を見ながら、「情けない…」とため息ばかりつきました。

後継者を迎え入れて、すぐに後継者不在となった事務所の職員さんたちは、どう思ったのでしょう？　恥ずかしくて、とても聞けません。

（注63）世間に影響を与える人物
（注64）インフルエンザ・ウイルスをばらまく人物

## 2　事業承継の専門家とは？

あなたが、事業承継について専門家に相談したいと思ったとき、どのような専門家が頭に浮かびましたか？

### 「事業承継の専門家」という国家資格はない！

実は、「事業承継の専門家」という国家資格はありません。極端なことを言えば、誰でも「事業承継の専門家」を名乗ることができるのです。

もし、事業承継の専門家と名乗る方に出会ったときは、事業承継のどういった分野に詳しいか聞いてみるとよいでしょう。

なお、国が事業承継支援をしています。お住まいの都道府県（またはその外郭団体）に、事業承継に関する相談窓口があると思います。

### 公的機関の専門家には、制約が課されている！

公的機関の専門家は、民間の専門家の仕事を圧迫することはできません。そのため、公的機関の専門家は、事業承継の相談を受けても、実際に手続を行って問題を解決することはしません。例えば、公的機関に税務相談に来た事業者の税務申告書を作成するといったことはできないのです。

つまり、事業承継の直接的な支援は、民間の専門家が行うことになります。

ここで、少し考えてみましょう。事業承継や認知症の問題は、今に始まったことでしょうか？　いつの時代も、そうした問題に悩む経営者のために、問題を解決すべく取り組んでいた専門家がいたはずです。

## まずは、顧問税理士に相談してみましょう。

国内法に明示されている専門家（国家資格）の中でも、税理士を顧問にしている企業は多いと思います。事業承継について、誰に相談すべきか分からないときは、まずは顧問税理士に相談するとよいでしょう。

事業承継には、必ず「税金」のことが付いて回りますので、顧問先から事業承継の相談を受けている税理士も多いでしょう。

## 餅は餅屋

ここで、押さえておきたいことがあります。それは、国家資格を有する専門家でなければ、できない業務があるということです。そうした業務のことを独占業務といいます。

事業承継に関する問題は多岐にわたります。事業承継に携わる専門家は、専門分野外のことは、他の専門家にお願いするといった連携が必要となります。「餅は餅屋」ということですね。

## 経営者と後継者双方から相談されたとき、どちら側につくの？

社長と後継者双方から相談を受けたいと思っても、受けられない専門家がいることを前もって押さえておきましょう。

弁護士は、依頼者の利益と他の依頼者の利益が相反する事件等については、その職務を行ってはならないと弁護士職務基本規程に定められています。その一方で、顧問税理士は、経営者と後継者の双方から相談を受けることがあります。「どちらの味方をするの？」と思うことがあるでしょう。顧問税理士も、どちらか一方に肩入れして対応すると、顧問契約を切られることがあるため、難しい状況に置かれることがあります。

## COLUMN

### 円満な事業承継に欠かせない番頭さんの存在

落語には、よく「番頭」という人物が登場します。経営者の右腕のような存在です。事業承継では、経営者と後継者にスポットライトが当たってしまいますが、番頭さんの存在も忘れてはいけません。円満な事業承継の裏には、番頭さんの支えがあるのです。

後継者は、言葉では説明できないこと（暗黙知）を経営者や番頭さんから学ぶ必要があります。それには、どうしても時間を要します。

「坂本君、レース鳩（伝書鳩）って聞いたことある？　中学生のときに、鳩レースにはまってしまってね。学校の成績が落ちちゃった」笑いながら話す番頭さんは、縁故のある弁護士の先生と一緒に民事再生まで手掛けています。

地域に密着する税理士事務所には、色々な相談がきます。他士業の先生に協力を仰ぎ、未成年後見人や成年後見人を付す手続をしてから、相続税の申告手続をすることもあるのです。

見落とされがちですが、事業承継では、番頭さんの後継ぎ問題を解決しなければなりません。優秀な人材は、お金だけでは動きません。力になりたいと思わせる若旦那（後継者）の資質が鍵となるでしょう（ドキッ……）。

さて、筆者が継ぐ事務所で、落語を聞いたことがない人はいません。義父が大の落語好きで、毎年、事務所の新年会では、義父の落語が披露されます。

お正月に餅はついても、義父の落語にオチがつくとは限りません。職員さんが先にオチを言ってしまうことがあるからです。義父が何度も落語を披露するため、耳の肥えた職員さんが途中でオチに気付いてしまうのでした。

## 3　事業承継の手法を提案してもらうときの留意点

株価対策と信託を取り上げて、事業承継の手法を提案してもらうときの留意点を少し確認しましょう。

### 株価対策をしなくても、株価が下がっている？

自社に適用される税務上の株価評価方法を確認せずして、株価対策を行うことはできません。どのように自社の株価が算定されるのかを確認しないまま対策を行っても、株価が下がらないことがあるでしょう。

もっとも、株価の評価方法が改正されたことにより、何も対策をしなくても株価が下がっている可能性があります。

自社に適用される株価評価方法の説明なく、株価対策を提案されているときは、少し注意しましょう。

### 税理士等の負担が大きい

民法のように、百余年ぶりに改正される法律もあれば、税法のように、毎年改正される法律もあります。特例事業承継税制（以下、特例）のように、期限が定められた時限立法も多くあります。

本特例は、適用を受けるときに、要件を満たして終わりではありません。適用を受けた最初の５年間は、毎年、都道府県庁と税務署にそれぞれ報告と届出をしなければなりません。さらに、その５年間が経過した後も、３年毎に税務署に届出をし続けなければなりません。

これらの手続を失念すれば、「利子（税）もつけて猶予税額の全部または一部をすぐに納めなければならない」行政的仕組みとなっています。

手続を失念し、損害賠償請求をされるリスクを考えると、本特例に関わる税理士等の負担は大きいでしょう。

## 信託なら何でもできる？

信託は自由度の高い財産管理の手法と紹介されることがありますが、民法の遺留分を潜脱する意図で信託制度を利用したものとして、信託契約の一部を公序良俗違反により無効とした判決（東京地判平成30・9・12金融法務事情2104号78頁）も出ています。信託によって、何ら制約なく自由を謳歌できるわけではないことを押さえておきましょう。

まして、信託の当事者が、信託を理解していないときは、信託不適合案件と考えるべきです。なぜなら、信託は組成して終わりではないからです。

## 信託はいつ結果が出るの？

信託を組成して、結果が出るのは、信託が終了したときです。信託契約によっては、信託が終了するまで何十年もかかる場合があります。

「後の始末はお願いね」

しかし、これで本当によいのでしょうか？

## 後始末をするのは、誰？

色々な専門家が関わって事業承継の提案が為された後に、後始末をするのは、日頃付き合いのある身近な専門家かもしれません。

経営者は孤独といいますが、後継者も孤独を感じるときがあるでしょう。

そのときに、信頼できる専門家が身近にいると心強いと思います。

# 2 探せ！ カメレオン侍！

## 1 カメレオンのような士業（俗称：サムライ業）の専門家

カメレオンは、様々な色に擬態します。周囲の色に馴染む姿は、まるで事業承継の専門家にとっての大切な資質を表しているようです。

**自分を消して、様々な色に変化するカメレオン侍を探しましょう！**

お客様に応じて、（自分を消して）様々な色に変化しながら対応してくれるカメレオンのような専門家を見つけることができるとよいでしょう。

「拙者、カメレオン侍と申す」

「得意分野に誘導することはいたしませぬ」

（税理士等のように、武士の士がつく職業を士業またはサムライ業といいます）

**多面的・多角的に考察して、治療だけでなく予防もしてくれる？**

特定分野の視点に立った事業承継の対策が講じられた後に、他分野において問題が勃発することは少なくありません。

例えば、法務でできるとされていても、課税リスクがある場合や金融機関との取引慣行上、実務ではできない場合が多々あると思います。

自分の専門分野だけでなく、周辺知識も持ち合わせた専門家が多面的・

多角的に考察してくれると安心できると思います。何より、事業承継時に問題が起こらないように予防をしてもらえる方がよいでしょう。

## 2　肩書よりも大切なこと

専門家には、ツテ、コネ、カネで、肩書を作ることよりも大切なことがあると思います。

**インターネットの情報は信頼性が担保されていません。**

スマートフォンの普及により、手軽にインターネットで調べることができる時代です。信頼性が担保されていない情報が溢れ、正しい情報を得ることが難しい時代とも言えます。

**有名でなくても優秀な専門家はたくさんいます。**

有名でなくても、優秀な専門家はたくさんいます。肩書は、実務に直結するとは限りません。むしろ、肩書がないのに、仕事を依頼されることが多い専門家が、本物なのでしょう。

事業承継の最終局面で、社長が会社離れできなくなり、後継者ともめることがあります。争いが起きたときを好機とみて、会社を食い物にしようとする専門家も実際にいます。

知らないことをいいことに、違う方向に誘導されていませんか？

知らないことをいいことに、実験台にされていませんか？

会社のために戦ってくれる専門家は、身近にいますか？

## 知ることで自分を守ること

知らないことがリスク。知ることで自分を守る。

最後に、事業承継支援に携わる専門家に、求められる大切な資質について、確認しておきましょう。

## 事業承継の専門家に求められること

「お客様に寄り添うこと」が、事業承継支援に携わる専門家に最も求められることだと思います。

事業承継は、現経営者の最後の大きな仕事、後継者の最初の大きな仕事です。人生の契機ともなる大事な場面で、寄り添って対応してくれる専門家がいたら、心強いですね。

## カメレオン侍は、インターネットでは見つからない!?

お客様の気持ちに寄り添い、自分を消して、多面的・多角的な角度から事業承継の対策をしてくれるカメレオンのような専門家は、インターネットでもすぐには探せないでしょう。

相性はあると思いますが、専門家を利用したことがある社長や長年付き合いがある顧問税理士等に、（紹介料に基づくのではなく）信用に基づいて専門家を紹介してもらうことが堅実な専門家の探し方だと思います。

ただし、紹介という行為は、紹介する側にもリスクが生じます。信頼関係を築いている間柄でなければ、優秀な専門家を知っていても、紹介してもらえないでしょう。インターネットの回線が切れても、つながっている。そのような、心を通わせる関係を築いておくことが、何においても大切なことだと思います。

COLUMN

## MADE IN JAPANの危機　国境を超える事業承継の問題

堤 未果さんの著書『日本が売られる』を是非、読んでみてください。

実は、事業承継においても「日本が売られる」という現象が起きています。千葉県で、赤字の日本企業が海外の企業に買収されることがありました。海外の企業が、赤字の日本企業をどうして買収すると思いますか？

一言でいうと、産地偽装です。海外の企業が自国で作ったものを、買収した日本企業を通して販売するとどうなるでしょうか？　その商品のタグには「MADE IN JAPAN」と記載されることがあるのです。

日本企業を売却して、世界に役立てる方がよいという考え方もあるでしょう。価値観は人それぞれで、否定するものではありません。

ただ、国が急務といって支援する事業承継の問題は、国を超えた問題でもあるという現状を知っていただけたら幸いです。

留学生から日本のことを聞くと、日本の世界における位置付けが少し分かったりします。反対に、日本の学生から、閉塞感を感じるという意見を聞くことがあります。閉塞感を植え付けているのは、私を含めた大人ではないかと反省しています。若い世代に残せるものは何でしょうか？

仕事柄、人が残せるものは、財産だけではなく、生き様や愛情などもあるのではないかと思うようになりました。

私にはまだ幼い娘がおります。現時点における娘の好きランキングは、ママ＞ばーば＞じーじ＞ミッキー＞ミニー＞パパ

私は今、娘の好物であるパンと熾烈な順位争いをしている最中です。パンに敗れたとしても、パパの生き様と尽きることのない愛情を娘に残せたらと思っています。

## あとがき

最後までお読みいただき、ありがとうございました。

本書の冒頭で、「ほんの些細なことがきっかけで、継ぐことになった」と書きました。本書を執筆しながら、実の父の会社を継ぐことができなかった後悔の念がそうさせたのではないかと蓋をしていた過去の記憶と感情を探りました。まるで根のない浮き草のようですね。

私の両親は、若くして親を亡くし、高校に進学することが決まっていながら、辞退して働く道を選びました。母は働きながら看護師となり、父は建設業の会社を設立し、社長になりました。私は物心ついたときから、父の膝の上に座り、社長さん同士の話を聞いて育ったのです。

両親から勉強しろと言われたことなど一度もなかったのですが、両親が進学を断念した想いを果たすことが、親孝行だと勝手に思い込み、幼い頃から、大学に行き、父の会社を継ぐことを目標としていました。

ところが、高校を卒業する時、父が病気で働けなくなりました。新聞奨学生として大学に行くことを決めましたが、当時、昼夜開講制の学部に進学することになったため、夕刊が配れないと断られてしまいます。やむなく高額な奨学金を借りて、親のすねもかじることになりました。

大学の卒業式が終わり、卒業証書をもらいに行くと、一枚の書類を受け取りました。その書類に書かれていた文字は、「卒業保留」。学費未納に加えて、一人暮らしの部屋の家賃も滞納。どうすることもできない状況になりながら、当時一番苦労していた母にはとても言えませんでした。すると、突然、大家さんが変わり、「出世払いでいいから」と、違う部屋に住まわせてもらえることになりました。

４月を迎え、私が一人で父を看病していると、肝性脳症が進行して、私のことすら分からなくなっていた父の意識が、突然、戻りました。

「家族で旅行に行きたいな。政史か。山梨にいてほしかったな」

その言葉を残し、父は息を引き取りました。私の中で何かが音を立てて崩れ落ちました。今まで何と親不孝なことをしていたのか。何度も何度も自分を責めました。それから、何をやってもうまくいかなくなりました。

アルバイトをして学費を稼ぎ、その後、就職した監査法人で、妻と出会いました。妻は私と出会う前に、私がアルバイトをしていた飲食店に来たことがあったそうです。当時の私は、受け入れたくない現実から逃げてばかりいました。情けない姿を間近で見ていた妻は、よく私と結婚してくれたものだと今でも感謝しています。

あのとき、大家さんが変わらなければ、妻と出会わなければ、今ここにいないでしょう。実の父と妻の父、二人の父から経営を学ぶことができた私は、後継者として、本当に恵まれています。

ただ……今でも後悔しています。実の父が大変だったとき、今の知識があったらと。あなたには、後悔して欲しくありません。心からそう思います。

「知らないことがリスク」「知ることで自分を守る」このメッセージが届くことを切に願います。

株式会社中央経済社の牲川健志氏には、本書の編集にあたり、大変お世話になりました。最後まで付き添っていただき、御礼の言葉は尽きません。この場をお借りして、厚く御礼申し上げます。

宮内健次先生には、本書の刊行にあたりご尽力をいただきました。何冊も本を出版されている先生から、執筆の進め方を直接ご指導いただき、恐縮至極に存じます。激励のお言葉を賜りまして、厚く御礼申し上げます。

元裁判官 千葉公証役場 公証人 小宮山茂樹先生には、日頃より信託についてご相談させていただくなど、大変お世話になっております。ご厚意で本書の原稿をご確認くださり、貴重なご意見をいただきました。柔和な先生から何度も温かい励ましのお言葉をいただき、感謝の念に堪えません。

弁護士 菊永将浩先生には、信託の最新実務や予防法務の大切さをご教示いただきました。ご厚意で原稿もご確認くださり、貴重なご意見をいただきました。いつも気にかけてくださり、感謝の言葉もございません。

司法書士 土井経世先生には、不動産登記、商業法人登記等の登記業務の視点から、貴重なご意見をいただきました。深く感謝申し上げます。

前職在職中からご心配ばかりおかけしている佐藤陽一郎氏、浜村浩幸氏、葉山徳氏に背中を押していただかなければ、本書は生まれませんでした。

外岡修税理士事務所　代表税理士 外岡修、番頭 日暮政美をはじめ、職員の皆さんには日頃より温かく見守っていただき、感謝の念は尽きません。

そして、執筆の時間が取れず困っていたところ、協力してくれたお義母さん、妻と娘には何とお礼を言えばよいか…。足を向けて寝られません。

最後に一言だけお許しください。認知症にかかってからでは遅いので。

実家の母へ。苦労ばかりかけました。娘が産まれ、親の気持ちが分かるようになりました。大切に育ててくれたことを心から感謝しています。

【著者紹介】

税理士・公認会計士

坂本　政史（さかもと　まさし）

外岡修税理士事務所（千葉県千葉市）副所長

明海大学経済学部非常勤講師（現任）

1982年生まれ。山梨県韮崎市出身。早稲田大学社会科学部卒業。

大手監査法人、税理士法人勤務を経て義父が創業した税理士事務所の後継者となる。

事業承継にクラウドファンディングを活用する等、様々な角度から同じ境遇に立つ後継者を支援。その支援先は、育種（花創り）で世界的に知られる農園、福岡県の老舗保育園、神職を代々世襲している神社の後継者にまで及ぶ。

「近代セールス」に多数寄稿。全国紙新聞社主催セミナー、大学主催のマネジメントスクール他にて、税務の枠を超えたセミナーを多数行う。

●イラスト加工：著者　●カメレオン侍・カメレオン忍者は、著者のオリジナルキャラクター

**社長がボケた。事業承継はどうする？**

社長が認知症になる前にやること、後にやること

2020年8月1日　第1版第1刷発行

著者　坂本　政史
発行者　山本　継
発行所　㈱中央経済社
発売元　㈱中央経済グループパブリッシング

〒101-0051　東京都千代田区神田神保町1-31-2
電話　03（3293）3371（編集代表）
03（3293）3381（営業代表）
http://www.chuokeizai.co.jp/

印刷／㈱堀内印刷所
製本／㈲井上製本所





ISBN978-4-502-31211-3　C3034